어린이를 위한 바보 빅터

Victor, the Fool for Kids
Copyright ⓒ 2012 by The Korea Economic Daily & Business Publications, Inc.
All rights reserved.
This edition rights are arranged with Dr. Joachim de Posada
through Dystel & Golderich Literary Management

이 책의 저작권은 Joachim de Posada 와의 독점계약으로
한국경제신문 ㈜한경BP에 있습니다.
신 저작권법에 의해 한국 내에서 보호를 받는 저작물이므로 무단 전재와 복제를 금합니다.

17년 동안 바보로 살았던 멘사 회장의 이야기

어린이를 위한 바보 빅터

호아킴 데 포사다 | 레이먼드 조 원작
전지은 글 | 원유미 그림

한국경제신문

어린이를 위한 바보 빅터
/ 차례 /

1장
조금 이상하고 별나지만

- 빅터야, 괜찮아 ——— 008
- 학교로 간 빅터 ——— 015
- 난 바보가 아니야 ——— 025
- 새로 만난 친구 ——— 035

2장
겉모습보다 더 소중한 것

- 못난이 로라 ——— 046
- 새봄 과학 축제 ——— 054
- 학부모 참관 수업 ——— 072

3장
누군가 나를 믿어준다면

- 절대로 포기하지 마라 —— 082
- IQ 테스트 —— 095
- 자신을 못 믿는 사람 —— 109

4장
누구에게나 숨겨진 날개가 있다

- 광고판의 비밀 —— 122
- 새로운 기회 —— 141
- 천재가 된 바보 —— 153
- 잃어버린 시간을 찾아서 —— 170

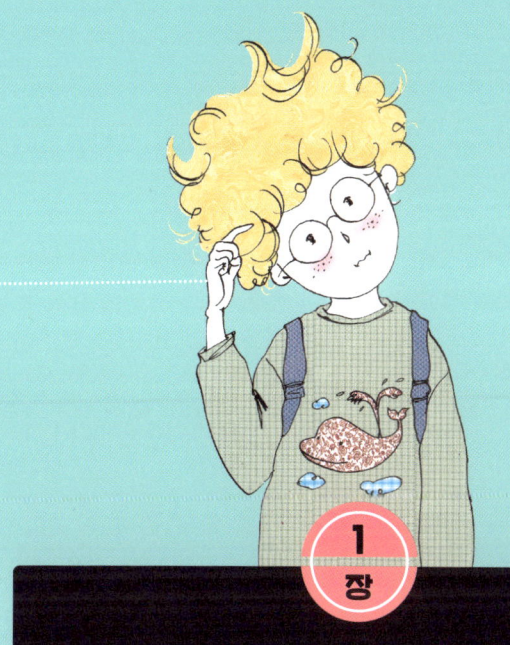

1장
조금 이상하고 별나지만

빅터야, 괜찮아

 갓 태어난 아기들이 병원의 앙증맞은 침대에 누워 잠을 자고 있었다. 눈을 감고 뒤척이는 아기들은 하늘에서 내려온 천사들 같았다. 신생아실 밖에서 아기들을 바라보는 부모들의 얼굴에는 환한 웃음꽃이 피었다.

 하지만 모든 부모가 행복한 건 아니었다. 어두운 병원 복도 끝에서는 한 엄마가 걱정스런 얼굴로 계속 한숨을 내쉬었다. 그녀의 아기는 다른 아기들보다 몸무게가 1킬로그램이나 적은 미숙아였다. 원래 몸이 허약했던 엄마는 자신 때문에 아기가 아프게 태어났다며 눈물을 글썽거렸다. 아기의 아빠가 엄마의 손을 잡고 말했다.

 "여보, 걱정 마. 작게 태어난 아기들이 크면 더 건강해진다고 하잖아. 우리 빅터는 분명 축구선수처럼 튼튼해질 거야."

다행스럽게 빅터는 아프지 않고 자라주었다. 하지만 다른 아이들보다 키도 작고 힘도 약했다. 달리기를 해도, 놀이를 해도 항상 꼴찌였다. 그때도 아빠는 걱정하는 엄마를 안심시키며 말했다.

"나는 몸을 쓰는 일을 해서 가난하지만, 이 아이는 머리를 쓰는 일을 하게 될 거야. 의사나 과학자와 같은. 아니면 손가락이 가늘고 기니까 피아니스트가 될지도 모르지. 하하하."

하지만 사실 빅터는 키만 작은 게 아니었다. 다른 아이들보다 말도 늦게 했고 발음도 좋지 않았다. 그래서인지 유치원에 들어가서도 친구들과 잘 어울리지 못했다.

"원래 똑똑한 애들이 말이 늦는 편이지. 걱정할 것 없어. 하하."

아빠는 여전히 긍정적으로 생각하려는 듯 밝게 웃었지만 예전만큼 자신만만한 목소리는 아니었다.

빅터가 여섯 살이 되던 해였다. 어느 날 아빠는 빅터를 데리고 보건소에 있는 아동상담센터를 찾았다. 상담사는 탁자 위에 여러 장의 그림 카드를 펼쳐놓았다. 카드에는 오리나 자동차 같은 단순한 그림도 있었고, 각자 팔짱을 낀 채 등을 돌리고 서 있는 남녀 같은 알쏭달쏭한 그림도 있었다. 빅터는 카드를 보며 오랜

시간 동안 상담사의 질문에 대답해야 했다. 알파벳을 외우고 몇 곡의 노래도 불렀다.

이 모든 것이 끝나자 상담사는 서류에 무엇인가를 쓰더니 옆에서 지켜보던 아빠에게 말했다.

"테스트 결과, 댁의 아드님은 사실을 이해하는 능력이 또래 아이들보다 떨어집니다. 또한 말하는 능력도 많이 뒤쳐지는 걸 보니 언어 장애도 의심이 됩니다. 그리고……."

말을 하던 상담사는 빅터를 쳐다보았다. 그러더니 턱으로 문을 가리키며 말했다.

"넌 잠깐 밖에 나가서 기다리고 있을래?"

상담사의 말에 빅터는 아빠를 올려다봤다. 아빠는 어두운 표정으로 검사 서류를 뚫어져라 내려다보고 있었다. 빅터는 조용히 의자에서 일어나 문을 열고 나왔다.

대기실에는 여러 가지 장난감들이 놓여 있었다. 빅터는 그중에서 정육면체 모양의 큐브를 꺼내 들었다. 한참 동안이나 네모난 조각들을 쳐다보던 빅터는 두 손에 힘을 주어 비틀어보았다. 신기하게도 조각들이 돌아갔다.

그렇게 10분 정도 흘렀을 때, 상담실 유리창으로 아빠와 상담사가 일어서는 모습이 보였다. 그 순간 빅터는 허둥대며 큐브를

돌렸다.

 아빠는 언제나 남의 물건을 함부로 만져서는 안 되며, 빌린 물건을 돌려줄 때는 원래의 모습으로 되돌려놓아야 한다고 말했었다. 큐브를 다시 원래대로 되돌리기 위해 빅터는 진땀을 흘렸다.

 문을 열고 나온 상담사와 아빠는 빅터를 지켜보고 있었다. 상담사는 계속 하라며 손짓을 했고, 아빠도 그런 빅터를 뚫어져라 쳐다봤다. 당황스러운 빅터는 빠르게 큐브를 돌렸다.

 "이, 이제 거, 거의 다……."

 그렇지만 한참이 지나도 빅터의 손놀림은 멈출 줄 몰랐다. 지켜보던 상담사는 기다리기 지쳤다는 듯 매니큐어가 칠해진 손으로 큐브를 빼앗았다. 큐브는 단 한 면도 제대로 맞춰지지 않은 상태였다.

 상담사는 고개를 절레절레 흔들고는 선반 위 장난감 사이로 큐브를 던졌다. 그리고 인사도 없이 상담실로 돌아갔다. 아빠의 얼굴은 상담실에서보다 더 어두워졌다.

 아동상담센터를 나온 아빠는 주차장에 세워둔 차에 오르지 않고 길가의 공원으로 들어섰다. 그러고는 아무 말 없이 그저 걷기만 했다.

 나뭇잎 사이로 햇살이 환하게 내리쬐고 있었다. 하지만 아빠를 뒤따라 걷는 빅터의 마음은 어두웠다. 허락도 없이 큐브를 만진 것 때문에 아빠가 화가 난 걸까?

"죄, 죄송해요."

"뭐가 말이냐?"

"아, 아까 사, 상자처럼 생긴 거……."

"큐브 말이구나. 뭐, 괜찮다. 그런 거 못해도 상관없어."

"그, 그게 아니라 허, 허락 없이……."

빅터는 땅을 내려다보며 말했다. 아빠는 빅터의 이야기가 채 끝나기도 전에 말했다.

"빅터야."

빅터는 아빠의 얼굴을 올려다보았다. 아빠는 무언가 결심을 한 듯 숨을 크게 들이마시더니 한쪽 무릎을 꿇어 빅터와 눈높이를 맞추고 말했다.

"저런 여자의 말은 귀담아 들을 필요가 없다. 누가 뭐래도 너는 이 세상에서 가장 똑똑한 아이야. 마음만 먹으면 무엇이든 할 수 있어. 그렇지?"

아빠는 화를 내지도 않았고 야단을 치지도 않았다. 사실 빅터는 아빠의 말을 이해하지 못했지만 굳은 표정을 한 아빠의 모습에 고개를 끄덕였다.

아빠는 빅터에게 아이스크림을 사주고는 혼자 호숫가로 걸어갔다. 뒤에 덩그러니 남은 빅터는 아빠가 화가 난 것 같아 안절부절못했다.

"다, 다시는 하, 함부로 마, 만지지 않을게요."

여전히 아빠는 호수를 바라보며 아무 말 없었다.

"그, 그래도 큐, 큐브를 도, 돌려놓으려고 해, 했어요. 워, 원래대로 처, 처음 모양 그대로……."

빅터는 고개를 수그리고 변명하듯 중얼거렸다.

한참 후에야 아빠는 고개를 돌려 빅터를 바라보았다. 빅터는 입술에 묻은 아이스크림을 혀로 닦아내다 깜짝 놀라 고개를 숙였다.

"빅터, 괜찮아. 넌 잘못한 게 없어. 그러니 아무 걱정하지 마."

아빠는 환하게 미소 지으며 말했다. 그제야 빅터의 마음도 한결 편해졌다.

학교로 간 빅터

여덟 살이 된 빅터는 아빠의 손을 잡고 초등학교에 들어섰다. 강당에는 빅터 또래의 아이들이 말끔하게 차려입고 의자에 앉아 있었다. 아빠는 어리둥절해하는 빅터를 빈 의자에 앉혔다.

잠시 후, 교장 선생님이 단상 위로 올라와 환하게 웃으며 말했다.

"여러분의 입학을 축하합니다!"

아이들과 학부모들이 힘껏 박수를 쳤다.

입학식을 마치고 빅터는 아빠와 함께 교실로 향했다. 교실에 들어서니 젊은 여선생님이 미소를 지으며 반겨 주었다. 빅터는 꾸벅 인사를 하고 두리번거리며 교실을 둘러보았다.

"채, 책상이 하나, 두, 둘…… 스, 스물다섯 개……."

빅터는 버릇처럼 책상과 의자의 개수를 셌다. 머리를 쓰다듬어 주는 아빠의 손길에 빅터는 조금은 얼떨떨하면서도 기분이 좋았다.

몇 주가 지나고, 그리기 수업을 위해 아이들과 담임 선생님이 학교 잔디밭으로 나갔다. 아이들은 삼삼오오 모여 앉아 게임을 하기도 하고, 이야기를 나누기도 했다. 빅터는 혼자 멀찌감치 떨어져 앉아서 그런 아이들을 물끄러미 바라보고 있었다. 그때였다.

"빅터, 이리 와."

선생님이 빅터에게 손짓을 했다. 선생님의 손에는 하얀 도화지 한 장이 들려 있었다.

"자, 여기에 그리고 싶은 것을 그리는 거야, 알았지?"

빅터는 고개를 끄덕였다.

"선생님이 이야기한 걸 다시 한 번 말해 보겠니? 어떻게 하라고?"

선생님은 허리를 숙이고 빅터의 눈을 바라보며 말했다.

"그, 그리고 시, 싶은 것을 그, 그리는……."

빅터가 말을 하자 아이들이 와하하 웃음을 터뜨렸다. 선생님은 아이들에게 조용하라는 손짓을 했다.

"좋아. 잘했어. 이제 빅터가 그리고 싶은 걸 그려보렴."

빅터는 잔디밭 한쪽 구석으로 가 무릎 위에 도화지를 올려놓고는 주변을 둘러보았다. 다른 아이들은 나무와 꽃을 그리기도 하고, 뭉게구름이 떠 있는 하늘을 그리기도 했다. 학교 건물을 그리는 아이도 있었고, 친구의 뒷모습을 그리는 아이도 있었다.

빅터는 다른 아이들과 똑같은 그림을 그리면 안 될 것 같아 눈을 감고 한참 생각을 했다. 그러고는 크레파스를 꺼내 도화지에 뭔가를 그리기 시작했다.

"빅터, 그게 뭐니?"

한창 열중하고 있을 때, 등 뒤에서 담임 선생님의 목소리가 들렸다. 선생님은 빅터의 그림을 보고 고개를 갸우뚱거렸다.

"물결 모양도 있고, 동그라미도 있고, 이건 혹시 번개를 그린 거니?"

선생님은 빅터의 그림을 하나하나 짚어가며 말했다.

빅터는 그런 선생님을 멀뚱히 올려다보았다.

"빅터, 뭘 그린 거니?"

"바, 바람."

"바람?"

빅터는 고개를 끄덕이며 얼굴에 손을 갖다 대고는 말을 이어 갔다.

"바, 바람이 여, 여기에 다, 닿으면 가, 간질간질하고, 또 귀, 귀에 다, 닿으면 쨰앵하는 느, 느낌이……."

주변에 있던 아이들이 큰 소리로 웃었다. 빅터의 설명에도 선생님은 도무지 알 수 없다는 듯 얼굴을 찡그렸다.

"얘들아, 웃지 말고 조용히 해줄래?"

선생님은 웃는 아이들을 돌아보며 소리쳤다. 그러자 웃음소리가 뚝 그쳤다. 선생님은 고개를 돌려 손에 힘을 주어 빅터의 어깨를 잡고 말했다.

"빅터, 이건 그냥 낙서 같은데?"

"나, 낙서, 아, 아니에요. 지, 진짜로 바, 바람이 그, 그렇게 부, 불었어요."

선생님은 한숨을 내쉬고는 다시 말했다.

"이런 바람 같은 것 말고, 눈에 보이는 걸 그려볼래?"

선생님은 다시 새 도화지 한 장을 건네주었다. 빅터는 머리를 긁적이며 도화지를 받아들었다.

"누, 눈에 보, 보이는 거, 것이면."

빅터는 다시 자리를 잡고 앉아 눈을 동그랗게 뜨고 주변을 두리번거렸다.

"이, 이건……."

빅터의 눈에 들어온 건 손톱만 한 크기의 죽은 벌레였다.

'우와, 이 벌레는 다리에 가시가 있네. 머리에도 뾰족한 가시가 있어. 반짝거리는 날개에선 무지개색 빛이 나. 정말 신기하다. 날아다니는 벌레였더라면 이렇게 자세하게 보지 못했을 거야.'

죽은 벌레를 이리저리 살펴보던 빅터는 숨을 가다듬고 크레파스를 집어들었다. 그리고 도화지에 정성스럽게 벌레를 그리기 시작했다.

"자! 이쪽으로 모여봐!"

선생님이 아이들을 큰 소리로 불렀다.

"자기가 그린 그림에 대해 친구들에게 이야기해볼까?"

선생님은 헤더에게 손짓을 해보였다. 헤더는 빛나는 금발머리를 찰랑이며 자리에서 일어섰다.

"저는 나무를 그렸어요. 저기 저 나무의 잎이 초록색에서 갈색으로 변하고 있는 모습을 그려보았습니다."

헤더는 손으로 플라타너스 나무 한 그루를 가리켰다. 헤더가 그린 나무에는 초록색과 갈색의 나뭇잎이 반반씩 그려져 있었다.

"어머, 정말 나뭇잎의 색을 자세히 봤구나. 잘했어."

선생님과 아이들은 박수를 쳤다.

"이, 이상하다. 저 나무에는 아, 아직 초, 초록색 잎이 더 마, 많은데. 저 그, 그림처럼 저, 절반이 아, 아닌데."

하지만 아무도 빅터의 말을 귀담아듣지 않았다.

모든 아이들이 발표를 하고 난 뒤, 선생님은 빅터를 쳐다보았다.

"마지막으로 빅터의 그림을 볼까? 이리 나와서 이야기해 보렴."

빅터는 앞으로 나가 자신이 그린 그림을 아이들이 잘 볼 수 있도록 내밀었다.

"그게 뭐니?"

선생님은 인상을 찌푸리며 빅터의 그림을 자세히 살펴보았다.

"버, 벌레."

"벌레? 벌레라고?"

선생님이 깜짝 놀라 외치자 아이들이 웃음을 터뜨렸다. 몇몇 여자 아이들은 비명을 지르기도 했다.

"버, 벌레가 이, 있길래 새, 색깔이 예, 예뻐서."

선생님은 한참 동안 빅터의 그림을 쳐다보다 어깨를 으쓱하며 말했다.

"그, 그래. 잘 그렸어. 그렇지만 빅터, 다음에는 벌레 말고 좀 더 아름다운 것을 그려보면 어떻겠니? 이건 무척 징그럽구나."

빅터는 자신의 그림을 자세히 살펴보았다. 가만히 보니 날개를 덮은 딱딱한 등껍질의 색을 잘못 칠한 것 같았다. 실제로는 더욱 빛나는 무지개색이었는데. 아무리 찾아봐도 빛이 나는 색깔의 크레파스는 보이지 않았다.

'좀 더 잘 칠했으면 징그럽지 않았을 거야. 빛이 나는 크레파스가 있었으면 좋았을 텐데.'

그리기 시간이 끝나고도 빅터는 한참 동안 자신의 그림을 생각했다. 그와 동시에 손사래를 치며 징그럽다고 말한 담임 선생님의 얼굴이 자꾸만 떠올랐다.

"빅터, 네가 그린 거니?"

저녁 시간, 빅터의 가방을 살펴보던 아빠가 그림 두 장을 꺼내들었다.

"어, 네. 아, 아빠."

당황한 빅터는 아무 말도 못하고 손가락만 꼬물거렸다.

"정말 네가 그린 거니?"

"네."

빅터는 고개를 숙이며 기어들어가는 목소리로 말했다. 아빠는 두 장의 그림을 한참 동안 살펴보았다.

"누, 눈에 보, 보이는 걸 그, 그려야 하는 줄 모, 몰랐어요. 바, 바람이 어, 얼굴에 다, 닿으면 도, 동글동글하기도 하고, 가, 간질간질하기도 하고……."

"그럼 이 그림은 뭐야? 벌레를 그린 것 같은데?"

"누, 눈에 보, 보이는 걸 그, 그린 거예요. 주, 죽은 벌레가 이, 있길래. 바, 반짝이는 드, 등껍질이 머, 멋져서. 자, 잘 그, 그려 보려고 했는데, 비, 빛나는 색깔 크, 크레파스가 어, 없어서 지, 징그럽게 그, 그려서……."

아빠는 그림을 내려놓고 다시 물었다.

"이 그림을 징그럽다고 했니? 누가?"

"서, 선생님이……"

아빠는 잠깐 생각을 하더니 빅터의 두 눈을 마주보며 말했다.

"빅터, 네가 그린 그림은 전혀 징그럽지 않아. 정말 잘 그렸다."

아빠의 말에 빅터의 가슴이 두근거리기 시작했다.

"저, 정말요?"

"그럼 정말이지. 지금껏 아빠가 본 벌레 그림 중에 가장 근사해. 이 바람 그림도 마찬가지야. 눈에 보이지도 않는 것을 이렇게 잘 그린 아이는 너밖에 없을 거다."

아빠는 그림을 들고 벌떡 일어서서 집 안을 둘러보았다. 한 바퀴만 돌아도 눈에 다 들어오는 작은 집이었지만, 아빠는 한참 동안이나 집 안 곳곳을 살펴보았다.

"어디 보자. 그래, 여기에 걸면 잘 보이겠구나."

아빠는 그림을 걸고 난 뒤, 빅터의 어깨를 감싸 안았다. 주방에 있던 엄마도 빅터의 곁으로 다가왔다.

"정말 멋지구나, 빅터."

그제야 빅터의 입가에 미소가 지어졌다.

난 바보가 아니야

 한 해가 지나 학년이 바뀌고 담임 선생님도 바뀌었지만, 아직 그대로인 것이 있었다.
 "야! 바보!"
 이름보다 더 많이 불리는 빅터의 별명, 그리고 그 별명을 부르는 아이들이었다.
 "빅터, 넌 절대 바보가 아니야. 만약 또 그렇게 부르는 아이들이 있으면, 최대한 큰 소리로 이야기하렴. 난 바보가 아니라고."
 아빠는 늘 빅터에게 이렇게 말했지만, 빅터는 자신을 '바보'라고 부르는 아이들에게 '난 바보가 아니야'라고 말해본 적이 단 한 번도 없었다. 그저 입술만 달싹일 뿐 정작 말이 되어 나오지 않았다.

유난히 찬바람이 쌩쌩 부는 날이었다. 빅터는 양볼이 빨개진 채 교실로 들어섰다. 두 손을 호호 불며 자리에 앉으려던 순간이었다.

픽!

요란한 소리와 함께 엉덩이가 축축해졌다. 빅터는 벌떡 일어나 의자를 내려다 보았다. 의자 위에는 터진 풍선이 놓여 있었고, 의자 밑으로 파란 잉크물이 뚝뚝 떨어지고 있었다.

"푸하하하하!"

"아하하하, 이 바보야!"

교실 안의 모든 아이들이 빅터를 쳐다보더니 손가락질을 하며 웃어댔다.

빅터는 손으로 엉덩이를 탈탈 털었다. 두 손에 잉크물이 잔뜩 묻어나왔다. 빅터는 어쩔 줄 몰라 하다가 청소 도구함에서 걸레를 가져와 교실 바닥과 의자에 묻은 잉크를 대충 닦아내고는 화장실에 가 손을 씻었다.

"빅터, 너 옷이 왜 그래? 무슨 일이야?"

담임인 마이클 선생님이 복도에서 빅터를 보고는 깜짝 놀라며 물었다.

"의, 의자에 푸, 풍선이 이, 있었어요."

"풍선이?"

선생님은 빅터를 잡아끌듯 데리고 교실로 들어섰다. 빅터의 의자를 본 마이클 선생님은 아이들을 향해 큰 소리로 물었다.

"누가 그랬니?"

아이들은 고개를 숙인 채 말이 없었다.

"누가 빅터 의자에 잉크물이 든 풍선을 올려놓은 거야?"

아이들은 여전히 서로 눈치를 볼 뿐 아무 말도 하지 않았다. 마이클 선생님은 무서운 눈으로 아이들을 둘러보았다. 화가 많이 난 것 같았다.

빅터의 가슴은 쿵쾅쿵쾅 방망이질쳤다. 아빠는 늘 남의 잘못을 이르는 것은 나쁜 행동이라고 이야기했었다. 친구들도 누군가가 잘못한 것을 이르는 아이를 '고자질쟁이'라고 부르며 미워했다.

"서, 선생님. 저, 저는 고, 고자질을 하려고 하, 한 게 아, 아니고 서, 선생님이 무, 물어보셔서 대답을 하, 한건데……."

마이클 선생님은 말없이 빅터를 쳐다보고는 교탁을 향해 천천히 걸어갔다.

"난 너희들이 친구를 사랑할 줄 아는 착한 아이들이라고 생각한다."

선생님은 한숨을 내쉬었다. 빅터는 고개를 숙인 채 책상만 내려다보았다.

"그런데 오늘 일은 정말 실망이구나. 친구에게 이렇게 심한 장난을 치다니. 빅터가 비록 말을 더듬고 행동도 느리지만, 그럴수록 더욱 도와주어야 하는 것 아니니? 너희들이 빅터를 바보라고 놀리고 괴롭히는 것을 선생님이 모르고 있는 줄 알아?"

마이클 선생님은 어두운 표정으로 아이들을 둘러보았다.

"정말 좋은 친구는 언제나 어려움이 있는 친구를 도와주고, 잘못도 용서해주고, 웃는 얼굴로 사이좋게 지내야 하는 거란다. 나는 너희들이 서로에게 좋은 친구가 되어 주었으면 좋겠다. 다들 알겠니?"

"네."

아이들은 기어들어가는 목소리로 대답을 했다.

빅터는 고개를 들 수가 없었다. 모두 자신의 잘못인 것만 같았다. 말을 더듬고, 행동이 느린 아이가 바로 자신이였다. 그리고 친구의 잘못을 용서하지 않고 선생님께 이른 것도 역시 자신이었다.

하루 종일 아이들은 빅터를 노려보거나 손가락질하며 수군거렸다. 어떤 아이는 빅터 곁을 지나가면서 일부러 툭 치기도 했다. 하지만 빅터는 한 마디도 할 수 없었다.

수업이 모두 끝나고, 운동장을 지나는데 잎이 모두 떨어져 앙

상한 가지만 남은 나무들이 빅터의 눈에 들어왔다.

'나뭇잎들은 왜 비쩍 마른 채 떨어지는 걸까?'

빅터는 천천히 나무 아래로 걸어갔다. 거기엔 나뭇잎과 함께 부러진 나뭇가지들이 쌓여 있었다.

빅터는 나무 아래 쪼그려 앉아 나뭇가지들을 구경했다. I자 모양으로 쭉 뻗은 가지, Y자 모양의 가지, V자 모양의 가지, L자 모양의 가지. 나뭇가지들은 모양도 길이도 모두 제각각이었다.

빅터는 시린 손을 호호 불며 비슷한 모양과 길이를 가진 나뭇가지들을 모아 나누기 시작했다.

"이, 이걸로 뭐, 뭘하지?"

빅터는 나뭇가지들을 이리저리 늘어놓기 시작했다. 몇 개는 비행기가 되었고, 또 몇 개는 배가 되었다. 자동차, 집, 의자, 책상……. 나뭇가지는 빅터가 만드는 모양대로 바뀌어갔다.

"바보야! 뭐하냐?"

집으로 가던 아이들이 빅터를 향해 소리쳤다.

"으하하! 바보가 만드는 건 다 바보같아!"

심지어 어떤 아이들은 빅터가 기껏 만들어놓은 것을 발로 흐트러뜨리기도 했다. 그럼에도 빅터는 묵묵히 나뭇가지들을 늘어놓았다. 아이들이 망가뜨리면 고쳐놓고, 또 망가뜨리면 또 고쳐놓았다.

"오! 멋진데?"

등 뒤에서 들려오는 목소리에 빅터는 깜짝 놀라 돌아보았다.

"정말 멋진 작품이야!"

과학을 담당하는 스튜어트 선생님이었다. 선생님은 빅터가 만들어놓은 것들을 유심히 살펴보고 있었다.

"모두 네가 만든 거니?"

빅터는 고개를 끄덕였다. 몇 번 마주친 적이 있지만, 스튜어트 선생님의 수업을 들은 적은 없었다.

"몇 학년이니?"

"2하, 학년이요."

"아, 그래? 잠깐만 기다려 줄래? 지금 이 상태 그대로 말이야."

스튜어트 선생님이 어디론가 급히 뛰어가며 말했다. 빅터는 사자, 호랑이, 오리와 같은 동물도 더 만들고 싶었지만 그만 두었다. 선생님이 이대로 그냥 두라고 했으니까.

잠시 후, 스튜어트 선생님은 카메라를 들고 나타났다.

"이거 사진 좀 찍어도 되지?"

빅터는 어리둥절한 표정으로 고개를 끄덕였다.

"이렇게 멋진 작품은 꼭 흔적을 남겨두어야 한단다."

스튜어트 선생님은 신이 난 듯 이리저리 방향을 바꾸며 사진을 찍었다. 빅터는 그런 선생님의 모습을 멀뚱히 쳐다보고 있었다.

"2학년이라고 했지? 이름이 뭐니? 사진에 기록해 두어야 하거든."

"비, 빅터 로, 로저스."

"빅터 로저스?"

"네."

스튜어트 선생님은 수첩을 꺼내 빅터의 이름을 적었다.

"그래, 이제 다 만든 거니? 집에 갈 거야?"

"아, 아니요. 또, 또 다른 거, 것을 만들어야……."

"그래? 다른 것들도 만들어 보겠니?"

빅터는 나뭇가지들을 늘어놓으며 사자와 호랑이를 만들었다.

"오! 정말 대단해! 지금 이걸 만드는 데 1분밖에 걸리지 않았어!"

스튜어트 선생님은 목소리를 높여 말했다.

"넌 정말 뛰어난 재능을 갖고 있구나. 창의력이 대단해."

"대, 대단하지 아, 않아요. 저, 저는 바, 바보니까요."

빅터는 땅을 내려다보며 말했다.

"누가 그래? 네가 바보라고?"

선생님이 깜짝 놀라며 물었다.

"모, 모두 저, 저를 바, 바보라고 부, 불러요. 그리고 노, 놀려요. 의자에 이, 잉크물이 든 푸, 풍선 같은 걸 오, 올려놓고……."

"저런, 그래서 바지가 엉망인 거니?"

빅터는 바지에 묻은 잉크 자국을 손으로 만지며 고개를 끄덕였다.

스튜어트 선생님은 허리를 숙여 빅터의 두 눈을 바라보며 말했다.

"빅터, 내 눈을 보렴. 그리고 내 말 잘 들어. 너는 절대 바보가 아니야."

스튜어트 선생님은 나뭇가지 하나를 들어 저 멀리 던졌다.

"나뭇가지를 던지거나 부러뜨리는 것은 누구나 할 수 있어. 그렇지만 나뭇가지로 이렇게 훌륭한 모양들을 만들 수 있는 사람은 너뿐이란다. 이렇게 할 수 있는 사람은 절대 바보가 아니야. 알았니?"

빅터는 고개를 끄덕였다. 스튜어트 선생님은 그런 빅터를 보며 미소를 지었다.

"빅터, 옷이 왜 이래?"

현관문을 열어주던 엄마가 빅터의 바지를 보며 물었다.

빅터는 학교에서 있었던 일을 천천히 엄마에게 이야기했다.

"세상에, 우리 빅터. 많이 추웠겠네."

엄마는 빅터를 꼭 껴안아주었다.

"괘, 괜찮아요. 추, 춥지 아, 않았어요."

엄마 품에 안겨 있으니 빅터의 마음도 조금 풀리는 것 같았다. 잠시 후, 집으로 들어오던 아빠가 이 모습을 보며 말했다.

"아니, 둘이 뭐하고 있는 거야? 빅터 네 옷이……."

아빠 역시 빅터의 옷을 보며 눈이 휘둥그레졌다. 빅터는 또 다시 학교에서의 일을 이야기했고, 곰곰이 이야기를 듣던 아빠가 말했다.

"빅터, 오늘 네가 한 행동은 결코 고자질이 아니야. 선생님이 물어보셔서 대답을 한 것이잖니? 일방적으로 널 괴롭힌 아이들은 당연히 혼나야 하는 거고. 네가 잘못한 건 하나도 없단다. 그 아이들이 잘못한 거야."

아빠의 이야기에 빅터는 눈을 동그랗게 뜨고 물었다.

"그, 그럼 저, 정말 제, 제가 자, 잘못한 게 아니에요?"

"그럼. 넌 잘못한 게 아무것도 없어."

아빠는 단호하게 말했다. 빅터는 그제야 마음이 풀려 환한 웃음을 지어 보였다.

"나, 나는 자, 잘못한 거, 것도 없고, 나뭇가지로 자, 작품도 마, 만드는 머, 멋진 아이예요. 그, 그렇죠?"

"나뭇가지?"

빅터는 아빠에게 스튜어트 선생님과 있었던 일도 이야기했다. 어느새 아빠의 얼굴에 싱글벙글 웃음이 번졌다. 빅터도 아빠를 따라 환하게 웃었다.

새로 만난 친구

아이들이 미술실 문을 열고 우루루 들어갔다.

"조심! 천천히 들어와야지. 그렇게 한꺼번에 문을 밀치고 들어오면 다쳐요."

미술 선생님은 조심성 없이 뛰어오는 남자아이들을 향해 외쳤다. 언제나 그렇듯 빅터는 맨 마지막으로 미술실에 들어와 구석진 자리에 앉았다.

미술실 한쪽 탁자에는 빈 우유팩이 피라미드 모양으로 쌓여 있었다. 아이들이 모두 자리를 잡고 앉자 선생님은 우유팩을 가리키며 말했다.

"여러분 모두 매일 우유를 마시지요? 다 마신 우유팩은 어떻게 될까요? 고스란히 재활용이 되지요. 우유팩은 주로 화장지를 만드는 데 사용이 된답니다. 쓰레기였던 우유팩이 화장지로 다시 태어나는 것이죠."

미술 선생님의 긴 설명에 아이들은 지루하다는 듯 하품을 해 댔다. 좀 전에 점심을 먹어서 그런지 빅터도 하품이 나오려 했지만, 손으로 입을 꾹 막고 간신히 참았다.

"하하, 너희들 지루하구나. 자, 오늘 우리는 빈 우유팩을 화장지가 아닌 예술 작품으로 다시 태어나게 해줄 거예요. 그럼 여기에 있는 재료들을 이용해 각자 작품을 만들어 보세요."

선생님이 가리킨 탁자에는 색종이와 가위, 풀, 반짝이 종이, 고무찰흙 등이 수북이 쌓여 있었다.

아이들은 좋은 재료를 차지하기 위해 앞다퉈 뛰어나갔다. 아이들이 원하는 재료를 챙겨 각자의 자리로 돌아간 뒤에야 빅터는 아이들이 한바탕 쓸고 지나간 탁자로 천천히 걸어가 남은 재료들을 챙겼다. 예쁜 색깔의 반짝이 종이나 다양한 색깔의 고무찰흙은 이미 동이 났고, 색종이 몇 개와 흰색 고무찰흙, 철사 몇 개만 남아 있었다. 빅터는 탁자 위에 있는 것들을 주섬주섬 챙겨 자리로 들어갔다. 그런데 그때였다.

"앗!"

누군가가 빅터의 발을 걸었다. 빅터는 손에 든 것들을 떨어뜨리지 않으려 안간힘을 쓰다가 옆에 앉아 있던 로라를 향해 넘어졌다.

"아얏!"

빅터는 마치 용수철이 튕겨 올라오듯 재빨리 일어나 로라를 쳐다보았다. 로라의 무릎 위에는 빅터가 들고 오다 놓친 재료들이 떨어져 있었다. 빅터의 얼굴이 하얗게 질렸다.

"미, 미안해. 저, 정말 미, 미안."

빅터는 안절부절못하며 허둥거렸다.

"이것들 좀 치워줄래?"

로라는 빅터의 얼굴을 쳐다보지도 않은 채 퉁명스럽게 말했다. 빅터는 재빨리 재료들을 주워담았다.

"저, 정말 미, 미안해. 요, 용서해 줘. 호, 혹시 다쳤니?"

"아니, 다치진 않았어."

"저, 정말 미, 미안. 미안해."

빅터가 계속해서 미안하다는 말을 반복하자 로라는 고개를 번쩍 들어 빅터를 쳐다봤다. 그러고는 신경질적으로 외쳤다.

"도대체 언제까지 미안하다고 할 거니? 괜찮아. 난 괜찮다고!"

하지만 여전히 로라가 화가 났다고 생각한 빅터는 쉽게 자리를 떠나지 못했다.

"아휴, 정말. 아까 더프가 너한테 발거는 것 똑똑히 봤거든. 네가 잘못한 거 아니니까 됐다고. 정말 괜찮아. 알았니?"

로라의 목소리가 한 풀 수그러지자 빅터는 그제서야 천천히 자리로 돌아왔다.

빅터는 빈 우유팩과 재료들을 번갈아 쳐다보며 뭘 만들지 곰곰이 생각에 빠졌다. 한참을 생각하던 빅터는 우유팩에 흰색 고무찰흙을 꼼꼼히 붙이기 시작했다. 그리고 철사를 구부려 우유팩의 모서리에 끼워 넣었다.

'이렇게 하면 토끼 모양이 만들어지겠지?'

"푸하하, 바보가 만든 것 좀 봐."

더프가 손가락질을 하며 웃어댔다. 그러자 모든 아이들이 빅터의 우유팩을 쳐다보았다.

"아, 아직 와, 완성한 게 아, 아니야."

빅터는 만들던 우유팩을 한쪽으로 숨기며 말했다.

"쳇, 오늘 미술 시간이 끝나도 넌 완성하지 못할걸? 왜냐면 넌 바. 보. 니. 까."

"느, 늦게 하더라도 끄, 끝까지 와, 완성하는 게 더 주, 중요하다고 아, 아빠가 마, 말씀하셨어."

빅터의 말에 아이들이 와하하 웃음을 터뜨렸다.

"얘들아, 왜 이렇게 시끄러워?"

미술 선생님이 자리에서 일어서며 아이들을 향해 소리쳤다.

"완성한 친구들은 시끄럽게 떠들지 말고, 탁자에 올려두고 나가렴."

아이들은 각자 완성한 작품을 탁자 위에 올려놓고 나갔다. 하지만 아이들이 미술실에서 모두 나간 뒤에도 빅터는 우유팩과 씨름을 하고 있었다. 재료도 늦게 가지고 오고, 넘어지기까지 했던 빅터는 다른 아이들에 비해 오래 걸릴 수밖에 없었다.

"시간이 얼마 남지 않았구나. 좀 서둘러야겠어."

미술 선생님이 시계를 보더니 빅터를 향해 말했다. 우유팩으로 토끼를 만든 빅터는 마지막으로 색종이를 오려 눈을 만들어 붙였다. 그러고는 탁자 위에 올려둔 채 미술실을 빠져 나왔다.

교실로 향하는 복도 창문에 로라가 우두커니 서 있었다. 로라는 창밖을 바라보며 뭔가 골똘히 생각하는 듯했다.

"로, 로라."

빅터는 걸음을 멈추고 로라를 불렀다. 로라는 대답이 없었다.

"로, 로라."

그제야 로라는 고개를 돌려 빅터를 쳐다보았다.

"나? 날 부른 거야?"

빅터는 고개를 끄덕였다.

"아, 아까 괘, 괜찮다고 해, 해줘서 고, 고마웠어."

빅터는 바닥을 내려다보며 말했다.

"뭐라고? 잘 안 들려."

"아, 아까 가, 가위랑 새, 색종이 떠, 떨어졌을 때 괘, 괜찮다고 해줘서 고, 고맙다고."

"아, 그거? 별 것도 아닌데, 뭐."

로라는 다시 고개를 창밖으로 돌리며 무심히 대답했다.

"괘, 괜찮다고 마, 말해주는 치, 친구는 너밖에 어, 없었어."

빅터는 한참 동안 로라의 곁에 서 있었다.

"어휴, 알았어. 알았다고!"

로라는 빅터를 보며 답답하다는 듯 말했다.

일주일 뒤 미술 시간, 미술실에 들어서던 한 아이가 소리쳤다.

"어? 이게 왜 여기에 있어?"

미술실 뒤편에는 미술 작품을 전시해놓는 곳이 있었다. 아이들이 모두 그곳으로 몰려갔다.

"어, 이건?"

그때였다.

"그거 누가 만들었니? 무척 멋진 작품이 완성되서 전시했는데, 이름을 적지 않았더구나. 지난 시간에 가장 늦게까지 남아 있던 친구가 만든 것 같은데, 이름이 뭐야?"

미술 선생님이 아이들을 둘러보며 물었다.

"말도 안 돼."

아이들은 이해할 수 없다는 듯 고개를 절레절레 저으며 빅터를 쳐다보았다. 선생님이 빅터를 향해 이리 나오라는 손짓을 했다. 빅터가 일어나 쭈뼛쭈뼛 선생님 앞으로 걸어갔다.

"네가 만든 것 맞지? 여기에 이름을 적어 줄래?"

미술 선생님은 전시된 작품 앞에 붙이는 이름표를 내밀었다.

빅터는 '빅터 로저스'라고 써서 선생님에게 내밀었다.

"빅터 로저스."

선생님이 이름표를 붙이자 아이들이 다시 웅성대기 시작했다.

"쟤 바보잖아."

"세상에, 말도 제대로 못하는데."

그때 선생님이 뒤를 돌아보았다.

"너희들 뭐하니? 어서 자리로 가서 앉아."

그제서야 아이들은 우루루 자리로 돌아갔다.

'그것 봐. 느리게 해도 잘할 수 있잖아.'

빅터는 자기를 놀렸던 아이들을 생각하며 미소를 지었다.

"어, 엄마! 어, 엄마!"

학교에서 돌아온 빅터는 현관문을 열자마자 큰 소리로 엄마를 불렀다. 하지만 집 안에서는 아무런 대답이 들리지 않았다.

"어, 어디 가, 가셨나?"

빅터는 가방을 내려놓고 안방 문을 열어 보았다. 그러자 엄마가 침대 위에 누운 채 고개를 돌렸다.

"빅터 왔니? 엄마가 오늘은 조금 아파서……."

"어, 어디가 아, 아파요? 벼, 병원에 가, 가요."

빅터는 침대 옆에 무릎을 꿇고 앉아 걱정스런 표정으로 엄마를 바라보았다.

"아냐, 괜찮아. 조금 누워 있으면 나아질 거야."

엄마는 힘겹게 미소를 지으며 말했다.

"빅터, 오늘은 학교에서 재미있는 일 없었니? 이야기 좀 해줄래?"

빅터는 미술 시간에 있었던 일을 엄마에게 늘어놓았다. 엄마의 얼굴에서는 내내 미소가 떠나질 않았다.

"우리 빅터, 정말 대단하구나. 정말 멋진 아들이야."

엄마는 손을 내밀어 빅터의 머리를 쓰다듬어 주었다. 빅터는 기분이 좋았지만, 엄마의 힘없는 손길이 걱정되었다.

2장
겉모습보다 더 소중한 것

못난이 로라

학교갈 준비를 마친 로라는 거울을 보았다.

'머리 모양이 이상하잖아.'

로라는 자꾸만 빗으로 머리를 매만졌다. 하지만 그럴수록 머릿결은 바깥쪽으로 뻗치기만 할 뿐이었다. 로라는 마음에 들지 않는 듯 신경질적으로 빗을 침대 위로 던졌다.

'나 같은 애는 꾸며 봤자야.'

"아유, 우리 못난이."

"못난아, 산책 가자."

"못난아, 동생들 좀 챙기렴."

기억도 나지 않는 어린 시절부터 엄마, 아빠는 로라를 이름 대신 '못난이'로 불렀다. 예쁜 옷을 입어도 못난이, 착한 일을 해도 못난이, 뭘 해도 로라는 못난이였다.

로라가 짜증스러운 표정으로 거울을 보고 있을 때였다.
"뭘 그렇게 꾸물대? 얼른 내려오지 않고?"
아래층에서 아빠의 목소리가 들려왔다. 로라는 얼른 시계를 봤다. 스쿨버스가 오려면 아직도 10분이나 남았다.
'지금 나가면 추운 데서 벌벌 떨어야 하는데……'
로라는 일부러 방문을 쾅 닫고는 계단을 뛰어 내려갔다.
"못난아, 문을 그렇게 세게 닫으면 어떡해. 살살 닫아야지."
엄마가 로라의 옷을 매만져주며 말했다. 로라는 고개도 돌리지 않고 신발을 신었다.
"엄마가 말씀하시면 대답을 해야지."
거실 소파에 앉아 신문을 읽던 아빠가 말했다. 그래도 로라는 아무런 대답도 하지 않고 밖으로 나왔다.
시원한 공기가 가슴속으로 스며들었다. 로라는 스쿨버스를 기다리는 동안 발밑의 조약돌을 걷어차며 한숨을 쉬었다.

"자, 이 하나의 샌드위치를 세 명이 나누어 먹었어. 그럼 한

명은 얼마만큼의 샌드위치를 먹었을까?"

담임인 마이클 선생님은 샌드위치 그림을 칠판에 붙이고 아이들을 둘러보았다. 아이들은 모두 칠판을 뚫어져라 바라보며 궁리에 빠져 있었다. 딱 한 명, 로라만 빼고.

로라는 수업 시간 내내 책만 내려다 보고 있었다. 로라는 고개를 빳빳이 들거나 어깨를 쭉 펴 본 적이 없었다. 마치 무엇인가 바닥에서 잡아당기는 것처럼 로라의 얼굴은 언제나 아래를 향하고 있었다. 가끔은 뒷목이 뻐근하게 느껴질 정도였다.

"로라, 칠판 좀 보겠니?"

선생님의 말에 로라는 화들짝 놀라 고개를 들었다.

"그래. 오늘은 로라가 발표를 해볼까?"

로라는 마지못해 자리에서 일어섰다. 그러나 여전히 고개는 푹 숙인 채였다.

"3분의 1이요."

로라는 정답만 짧게 말하고는 얼른 자리에 앉았다.

"왜 그렇게 생각한 건지 친구들에게 설명을 해줘야지."

로라는 마땅치 않은 표정으로 다시 자리에서 일어섰다.

"그건 샌드위치 하나는 1인데, 이걸 세 명이서 나누어 먹어야 하니까……."

여전히 고개를 들지 않고 이야기하는 로라의 목소리는 점점

더 작아져 갔다.

"로라! 무슨 말인지 하나도 알아들을 수가 없구나. 고개를 들고 좀 더 큰 목소리로 이야기해보렴. 그렇게 고개를 숙이고 있으니까 예쁜 얼굴이 보이지 않잖니."

마이클 선생님의 말에 아이들이 웃음을 터뜨렸다. 로라의 얼굴은 금세 홍당무가 되어 말문마저 딱 막히고 말았다. 선생님은 그런 로라의 얼굴을 보더니 앉으라는 손짓을 했다.

'모두 날 비웃고 있어. 못생긴 데다가 말도 제대로 못한다고. 난 정말 쓸모없는 애야.'

로라는 두 손으로 얼굴을 감싸고 책상에 엎드렸다. 금방이라도 눈물이 나올 것만 같았다.

'로라, 아까 수학 문제는 아주 잘 풀었단다. 네가 정답을 이끌어낸 과정을 친구들도 알았으면 해서 발표를 시킨 것이었어. 칭찬을 해주고 싶었는데, 네가 무척 당황하는 바람에 더 이상 말을 하지 못했구나. 우리 로라, 조금만 더 용기를 내면 좋을 텐데.

화이팅!'

　매일 수업을 마칠 때쯤 마이클 선생님은 몇몇 아이들에게 수업시간에 미처 전하지 못했던 말을 쪽지로 전해주곤 했다. 오늘은 로라가 포함되어 있었다.

　로라는 쪽지를 대충 읽고는 가방에 구겨 넣었다. 그러고 보니 가방 안에는 구겨진 쪽지가 서너 개 더 들어 있었다.

　학교를 마친 로라는 교문 앞에서 스쿨버스를 기다리고 있었다. 다른 아이들은 버스를 기다리는 동안 수다를 떨거나 게임을 하며 놀았지만, 로라는 여전히 땅만 내려다보며 한숨을 내쉬었다.

　'난 어떤 일도 제대로 할 수 없을 거야. 난 못생긴 데다가 하고 싶은 말도 제대로 못하는 형편없는 애잖아. 평생 놀림을 받으며 살게 될 거야. 어떡하지?'

　집에 오는 내내 로라의 머릿속에서는 이런 생각이 떠나지 않았다. 스쿨버스에서 내린 뒤 로라는 길가에 있는 의자에 앉아 끄덕끄덕 다리를 흔들며 생각에 잠겼다. 마침 지나가던 강아지 한 마리가 로라의 손짓에 꼬리를 흔들며 다가왔다. 한참 동안 강아지를 쓰다듬던 로라는 뭔가 떠오른 듯 벌떡 일어나 집으로 뛰어 들어갔다.

"우리 못난이, 이제 오니?"

거실 소파에 앉아 뜨개질을 하던 엄마가 로라를 향해 외쳤다.

"또 못난이."

계단을 한 발짝 오르던 로라는 엄마를 향해 살짝 눈을 흘겼다.

"호호호, 왜 못난이가 어때서?"

로라는 엄마의 웃음 소리를 뒤로 하고 이층에 있는 자기 방으로 향했다. 방으로 들어선 로라는 책상 서랍을 몽땅 열고 뭔가를 찾기 시작했다.

"여기 있다!"

로라가 집어든 건 코코아 통이었다. 로라는 코코아 통을 열어 그 안에 들어 있던 머리핀들을 모두 꺼낸 뒤 다시 책장을 뒤져 두꺼운 노트 한 권을 꺼냈다.

'이 통에 돈을 모으는 거야. 그래서 나중에 이 돈으로 성형 수술을 하는 거야. 그리고 이 노트에는 내가 하고 싶은 말을 글로 쓰는 거야.'

로라는 코코아 통과 노트를 옷장 서랍 가장 깊숙한 곳에 밀어 넣고는 열쇠로 서랍을 잠갔다. 큰 보석 하나를 숨겨놓은 것처럼 마음이 뿌듯했다.

새봄 과학 축제

　아직 바람은 차갑지만 헐벗은 나무에서는 파릇파릇한 새 잎이 돋아나오고 있었다. 어느덧 열두 살이 된 빅터는 스쿨버스에서 내려 가로수를 세며 걸어가고 있었다. 그때 빅터의 눈에 들어오는 것이 있었다. 교문 옆에 새로 걸린 플래카드였다.

>　　새봄 과학 축제 - 4월 3일 ~ 4월 8일

　빅터는 한참 동안 플래카드를 쳐다보았다.
　'과학 축제? 재미있겠다!'
　빅터는 씨익 웃고는 교실을 향해 걸었다.
　"과학 축제 한다는 이야기는 모두들 들었지?"

"네!"

마크 선생님이 과학실에 모인 아이들을 향해 말했다.

"이번 과학 축제에서는 여러 가지 행사가 있는데, 그중 만들기 대회는 한 명도 빠짐없이 모두 참가해야 한단다."

아이들은 귀를 쫑긋 세우고 선생님 말에 귀를 기울였다.

"다섯 명 정도씩 조를 짜서 작품을 만들어 보렴. 자, 그러려면 먼저 조를 짜야겠지?"

아이들은 서로서로 얼굴을 쳐다보았다.

"우선 원하는 친구들끼리 한번 모여 볼까?"

아이들은 웅성웅성 떠들며 조를 짜느라 바빴다. 빅터와 로라, 두 명만 빼고.

"자, 모두 다 나누었니?"

"네!"

아이들은 자기 조에 속한 친구들의 이름을 적어 선생님께 드렸다. 선생님은 아이들에게서 받은 종이를 살펴보았다.

"빅터와 로라는 아무 곳에도 속하지 않았구나."

마크 선생님은 뭔가 궁리를 하는 듯 손가락으로 턱을 톡톡 두드렸다. 빅터와 로라는 고개를 숙인 채 책상만 내려다보고 있었다.

"다른 조는 다섯 명씩인데, 더프네 조만 세 명이네."

선생님의 말에 더프의 얼굴이 찡그려졌다.

"빅터와 로라는 더프랑 같은 조 하자. 인원을 맞춰야 하니까."

"그런 게 어딨어요!"

더프가 고개를 돌리며 외쳤다. 그러나 선생님은 못 들은 척하며 이야기를 이어갔다.

"4월 7일에 열리는 만들기 대회 때 각 조에서 만든 작품을 제출할 거야. 정해진 주제는 없으니 조원들끼리 똘똘 뭉쳐서 아이디어를 내고 재미있게 만들어봐. 의논은 학생회의 시간이나 쉬는 시간, 점심시간을 이용해서 하고. 상품도 푸짐하니까 모두 열심히 만들어 보도록."

"네!"

"야, 바보! 시끄러워!"

더프가 손가락으로 책상을 두드리는 빅터를 향해 소리쳤다. 손가락으로 뭔가를 두드리는 건 긴장했을 때 나타나는 빅터의 습관이었다.

학생회의 시간, 다른 조 아이들은 만들기 대회 때 뭘 만들지 의논이 한창인데, 더프네 조 아이들만은 달랐다. 더프와 노아는 연신 빅터를 노려보며 한숨을 쉬어댔고, 에릭은 그런 더프와 노아의 눈치를 살피고 있었다. 로라는 다른 아이들이 뭘 하든 신경 쓰지 않고 노트에 낙서를 하고 있었다.

"뭘로 할까?"

결국 에릭이 어렵게 말문을 열었다. 그러나 아이들은 아무 말도 하지 않았다.

"뭐라도 말해야 할 것 아냐? 만들기 대회 때 아무것도 안 할 거야?"

에릭은 답답한 듯 말했다.

"아, 왜 짜증이야? 나도 미치겠는데. 어쩌다가 저런 바보랑 엮여서……."

"바보뿐이냐? 할 줄 아는 거라곤 고개 숙이고 낙서하는 것밖에 없는 계집애까지."

더프와 노아는 빅터와 로라를 보며 씩씩거렸다.

"대충 해. 키트 같은 거 사서 되는대로 만들면 되잖아."

더프가 연필로 책상을 콕콕 찍으며 말했다.

"키트? 어떤 키트?"

에릭이 키트라는 말에 귀를 쫑긋 세우며 물었다.

"아, 몰라. 아무거나 해. 크고 비싼 게 좋은 거 아니야?"

"그래. 네 맘대로 해. 뭘 하든 상관없어."

더프와 노아는 계속해서 툴툴대기만 했다.

"크크크, 그럼 오늘 키트 구경하러 가야겠다."

키트를 만든다는 말에 즐거운 건 에릭 뿐인 것 같았다.

"자동차로 하자. 자동차 키트 엄청 멋있어."

다음 날, 에릭은 키트 사진이 잔뜩 담긴 전단지를 들고 와 호들갑을 떨었다.

"그러든가. 얼마씩 내면 돼?"

더프는 귀찮다는 듯 전단지를 내던지며 말했다.

"음, 그러니까 5달러씩 내면 되겠는데?"

에릭은 재빨리 계산을 하며 말했다.

"저, 저기 나, 나는……."

빅터가 잔뜩 주눅이 들어 기어들어가는 목소리로 입을 열었다.

사실 얼마 전, 꿰매다 꿰매다 더 이상 꿰맬 수가 없는 빅터의 낡은 가방을 보며 아빠는 한숨을 쉬었다. 그러고는 이웃에 사는 친구에게 돈을 빌려 빅터에게 새 가방을 사주었다. 아빠에게는 돈이 별로 없는 것 같았다. 게다가 엄마는 몸이 아파 매일 누워 있다. 이런 상황에서 키트를 사기 위해 5달러를 낸다는 것은 꿈도 못 꿀 일이었다.

"뭐야? 못 낸다고?"

노아가 짜증이 잔뜩 섞인 목소리로 화를 냈다. 빅터는 말없이 고개를 끄덕였다.

"바보에 빈털터리까지…… 우리 조는 망했다."

더프가 빅터를 쳐다보며 비웃었다. 빅터의 얼굴이 새빨갛게 달아올랐다.

"미, 미안해. 그, 그렇지만 다, 다른 건 다, 다할게."

"다른 것 뭐? 바보 주제에 조립을 하겠다는 것은 아닐 테고."

노아가 눈을 내리깔며 빅터를 쳐다보았다.

"심부름이나 시켜야지, 뭐. 그것도 제대로 할지는 모르겠지만."

더프는 여전히 비웃고 있었다. 빅터의 마음속에서는 화가 치밀어 올랐지만 꾹 참았다. 친구에게 화를 내거나 친구와 다투는 것은 나쁜 행동이기 때문이다.

며칠 후, 노아와 에릭은 키트 상자를 열어 부품들을 확인하느라 정신이 없었다.

"이거 만들기가 쉽지 않겠는데? 어떡하냐?"

읽고 있던 설명서를 내려놓으며 더프가 말했다.

"설명서 대로만 하면 돼. 뭐가 문제야?"

에릭은 기분이 좋은지 싱글벙글 웃기만 했다.

"시간이 별로 없어. 얼른 만들어야 해."

노아는 한 손에 미니 드라이버를 들고 아이들을 재촉했다. 아이들은 부지런히 자동차 몸체를 끼우고 그 안에 들어갈 부품들을 조립했다. 빅터는 아이들의 손놀림을 뚫어져라 쳐다보고 있었다. 그런데 갑자기 빅터의 눈빛이 반짝였다.

"그, 그거 아, 아닌데."

빅터가 에릭을 보며 말했다.

"뭐야? 뭐가 아니야?"

"그 모, 모터는 그, 그렇게 하, 하면 아, 안 될 것 같은데."

빅터는 손가락으로 모터를 가리키며 말했다. 아이들은 그런 빅터의 모습을 보며 어이가 없다는 듯 헛웃음을 터뜨렸다.

"아, 아까 서, 설명서를 자, 잠깐 봐, 봤는데 이, 이게 아니라 아, 아래 위를 바, 바꿔서……."

빅터의 말이 끝나기도 전에 더프가 손을 내저었다.

"애들아, 신경쓰지 마. 저 바보 녀석 아까 설명서 1분도 안 봤어. 천재라도 다 못 읽었겠다. 제대로 알지도 못하면서."

그때 설명서를 들고 있던 로라가 말했다.

"좀 이상하긴 해. 다시 한 번 읽어봐."

로라가 에릭에게 설명서를 내밀었다.

"읽긴 뭘 읽어? 에릭은 과학 대회에서 상도 받았던 애야. 니들이 뭘 안다고 그래? 그냥 가만히 있다가 우리가 상 받으면 덩달아 좋아하기나 해서."

더프가 설명서를 확 빼앗아 집어던졌다.

"야, 얼른 만들어. 시간도 없는데 별 게 다 귀찮게 하네."

노아가 다시 드라이버를 집어들며 말했다.

아무리 보아도 빅터의 눈에는 모터의 조립이 잘못된 것으로 보였다. 더 이야기를 하고 싶었지만 들어주지 않을 것이 분명했기 때문에 더 이상 아무 말도 하지 못했다.

대회 하루 전 날, 키트는 모든 조립이 끝나 그럴 듯한 자동차의 모양을 갖추고 있었다.

"우하하하, 드디어 완성이다. 이제 시험 운행해 보자고."

"뭐, 보나마나 씽씽 나가겠지."

더프와 에릭은 호들갑을 떨며 운동장으로 나갔다. 빅터와 로라는 천천히 뒤를 따라 나갔다.

운동장에 선 에릭은 심호흡을 하며 자동차를 내려놓았다. 그리고 전원 버튼을 켰다.

"어?"

"어? 이거 왜 이래?"

자동차는 윙윙거리는 소리만 낼 뿐 꼼짝도 하지 않았다.

"뭐야? 왜 그래?"

더프는 발로 툭툭 흙먼지를 일으키며 짜증을 부렸다.

"문제 없었는데."

에릭은 머리를 긁적이며 자동차를 집어들었다. 다시 교실로 모인 아이들은 자동차를 열어 보았다. 그리고 설명서를 펼쳐 들고 구석구석 살펴보았다.

"이게 문제였나봐."

노아가 꼬여 있는 전선을 가리켰다.

"아니야, 내가 보기엔 여기가 문제인 거 같아."

에릭은 멀쩡히 잘 조립된 바퀴 부분을 가리켰다.

노아와 에릭은 문제가 있다고 생각되는 부분을 모조리 뜯어서 다시 조립하기 시작했다. 그 모습을 알쏭달쏭한 표정으로 바라보던 빅터의 얼굴이 점점 찡그려졌다. 멀쩡한 것을 더 망치고 있었다.

"여러분! 많이 기다리셨죠? 만들기 대회를 시작합니다!"

다음 날, 운동장에는 모든 학생들이 자신들이 만든 작품을 들고 모였다. 저학년 아이들은 재활용품을 이용해 만든 것들이 대부분이었고, 고학년 아이들은 주로 키트를 활용하거나 새로운 발명품을 만들어온 경우도 있었다.

"우리 것이 가장 멋지다."

더프가 다른 아이들의 것을 대충 둘러보며 말했다.

"멋지면 뭐하냐? 될 지 안 될지도 모르는데."

노아가 에릭을 노려보며 말했다.

"왜 나한테 그래? 같이 해놓고."

에릭은 노아를 쳐다보며 투덜거렸다.

잠시 후, 심사위원 선생님들이 빅터네 조로 다가왔다. 심사위원 중에는 스튜어트 선생님도 있었다.

"너희는 키트를 조립했구나. 어서 작동해 보렴."

에릭은 전원 버튼을 힘껏 눌렀다.

그러나 자동차는 바닥에 붙은 것처럼 꼼짝도 하지 않았다. 게다가 오늘은 아예 윙윙거리는 소리조차 나지 않았다.

"푸하하하하!"

모형 자동차를 구경하기 위해 모여 있던 아이들이 웃음을 터뜨리며 웅성거렸다. 당황한 에릭과 노아는 연신 전원을 켰다 껐다를 반복했지만 자동차는 전혀 움직이지 않았다.

스튜어트 선생님이 자동차를 들어 올렸다.

"너 때문이야. 괜히 전선은 건드려 가지고."

에릭이 노아의 어깨를 툭 쳤다.

"뭐야? 잘한다고 거들먹거리면서 나선 게 누군데?"

노아는 금방이라도 에릭과 한바탕 싸움을 벌일 기세였다.

"너희들, 좀 가만히 있어 볼래?"

스튜어트 선생님이 노아와 에릭을 가라앉혔다. 그리고 키트

를 자세히 살펴보았다.

"흠, 뭐가 문제일까?"

선생님은 주변을 두리번거리다 빅터와 눈이 마주쳤다.

"오, 빅터! 오랜만이구나. 너희 조에서 만든 거니?"

빅터는 고개를 끄덕였다.

"그래, 빅터 너는 뭐가 문제라고 생각해?"

선생님이 허리를 숙여 빅터에게 물어볼 때였다.

"쳇, 그 바보 녀석이 뭘 안다고."

더프였다. 스튜어트 선생님은 고개를 돌려 엄한 눈빛으로 더프를 쳐다보았다. 그리고 빅터에게 이야기해 보라며 손짓을 했다.

"저, 저는 이 아, 안에 있는 모, 모터가 거꾸로 조, 조립되어서……."

"모터가?"

선생님은 가지고 있던 드라이버로 자동차의 아랫면을 뜯고는

구석구석 꼼꼼히 살펴보았다.

"흠, 정말로 모터가 잘못 조립되었구나. 그런데 빅터?"

빅터는 눈을 동그랗게 뜨고 선생님을 올려다보았다.

"조립이 잘못 되었다고 왜 말하지 않았니?"

빅터는 가슴이 두근두근거렸다. 뭔가를 잘못한 것만 같았다.

"마, 말하려고 해, 했지만……."

빅터는 너무 당황한 나머지 평소보다 더 심하게 말을 더듬었다. 그때였다.

"말했어요. 그렇지만 아무도 들어주지 않았어요. 바보가 하는 말이라고요."

로라였다. 로라가 대신 이야기를 해준 것이었다.

"그랬어? 너희들 정말 그랬니?"

더프와 노아, 에릭은 아무 말도 하지 못했다.

"너희들, 큰 실수를 했구나."

선생님이 혼잣말처럼 중얼거렸다.

"더프 네가 그랬잖아."

노아와 에릭이 더프를 보며 동시에 말했다.

"내가 뭐?"

더프가 발끈하며 주먹을 쥐어 보였다.

"조용히 해. 같은 조면 모두 함께 이야기를 나누고 의논을 해서 만들었어야지. 아무리 사소해 보이는 의견이라도 귀담아 들어주고 말이야. 너희들 모두가 잘못한 일이야. 그러니까 싸우지 말고 반성하도록 해. 알았니?"

스튜어트 선생님의 말씀에 빅터는 또 다시 안절부절못했다. 친구들에게 제대로 이야기하지 못한 건 자기가 잘못한 일이라는 생각이 들어서였다.

"빅터, 앞으로는 해야 할 말은 꼭 하도록 해. 알겠지?"

스튜어트 선생님은 빅터를 향해 윙크를 했다. 그러고는 다른 아이들의 작품을 심사하기 위해 옆줄로 걸어갔다.

"저 친구, 아주 비상하다니까요. 예전에 나뭇가지로 근사한 작품을 만들어낼 때부터 알았지요. 누구도 가지지 못한 것을 가졌어요."

스튜어트 선생님은 함께 걸어가던 다른 선생님에게 조용히 말했다. 이야기를 듣던 선생님도 고개를 끄덕였다.

"야! 알면 이야기를 했어야지. 우리가 안 들어도 끝까지 했어야지! 들어줄 때까지 했어야지!"

선생님들이 가고 나자 더프가 악다구니를 썼다.

"미, 미안해."

빅터는 고개를 숙인 채 조용히 말했다.

"하여튼 답답해 죽겠어! 어쩌다 저런 놈이랑 같은 조가 돼 가지고!"

더프는 땅바닥을 탕탕 구르며 분을 삭이질 못했다. 에릭과 노아도 빅터를 쏘아보았다.

"야, 가자. 저 바보가 알아듣기나 하겠어?"

더프는 빅터와 로라의 어깨를 밀치며 자리를 떠났다. 빅터와 로라는 아이들이 간 자리에 남아 덩그러니 놓여 있는 모형 자동차만을 가만히 내려다보았다.

다음 날 학생회의 시간, 강당에는 전교생들이 모두 모여 왁자하게 떠들고 있었다. 무대 위에는 '만들기 대회 시상식'이라고 쓰인 플래카드가 걸려 있었다.

"남 상 받는 거 구경이나 하게 생겼네."

더프가 투덜대며 말했다.

"박수 치러 온 거지, 뭐."

노아가 대꾸했다.

"그러니까 빅터 말도 들었어야……."

에릭이 한 마디 하자 더프와 노아가 동시에 에릭을 노려보았다.

"아, 알았어."

에릭이 풀이 죽어 고개를 숙였다.

"지금부터 만들기 대회 시상식을 시작하겠습니다."

1학년을 담당하는 존 선생님이 말했다. 아이들의 시선이 모두 무대 위로 쏠렸다.

"먼저 아이디어 상을 시상하겠습니다. 아이디어상은 우유팩과 아이스크림 막대를 이용해 헬리콥터를 만든 2학년의 헤일리 앤더슨 외 4명!"

강당은 우렁찬 박수소리로 가득 찼다. 뒤를 이어 모형 비행기에 독수리 그림을 그려넣은 4학년 아이들이 디자인상을 받았고, 고장 난 라디오를 고치는 과정을 하나하나 사진으로 찍은 6학년 아이들이 기술상을 받았다. 그리고 마지막 대상 시상만이 남았다.

"자, 이제 대상 시상만이 남았는데

요, 그에 앞서 상이 하나 더 있습니다. 최고의 엔지니어상이 바로 그것인데요, 이 상은 조와 상관없이 개인에게 주는 상입니다."

존 선생님이 아이들을 향해 찡긋 웃으며 말했다.

"아, 지루해."

"언제 끝나냐?"

시상식이 진행되는 동안 더프와 노아는 낄낄거리며 장난을 치고 연신 하품을 해댔다.

"자, 최고의 엔지니어상을 수상할 영광의 주인공은 5학년 빅터 로저스!"

순간 더프와 노아를 비롯해 빅터를 알고 있는 모든 아이들은 말문이 막힌 표정을 지었다.

"빅터, 너잖아. 어서 나가야지."

마크 선생님이 다가와 빅터의 어깨에 손을 올리며 말했다. 빅터는 벌떡 자리에서 일어나 무대 쪽으로 걸어나갔다.

"아니, 저 바보가……."

"말도 안 돼."

아이들은 저마다 고개를 절레절레 저으며 수군댔다. 그렇지만 누구보다 이 사실이 믿기지 않는 것은 바로 빅터였다.

"빅터 로저스는 과학자로서 뛰어난 재능을 가지고 있으며, 특히 엔지니어로서의 무궁무진한 가능성을 보여주었기에 상을 줌니다."

 빅터는 얼떨떨한 표정으로 상을 받고 뒤돌아섰다. 그제야 아이들 사이에서 조금씩 박수가 터져나왔다. 박수 소리만큼이나 빅터의 가슴도 터질 듯 쿵쾅거렸다.

 "너 같은 녀석이 받는 걸 보니까 이 상도 별거 아니네."

"하여튼 운은 엄청 좋아."

빅터가 자리로 돌아와서 앉자 더프와 노아가 빈정거렸다. 빅터는 아무래도 좋았다. 뜻밖의 상을 받게 된 것도 좋았고, 모든 아이들이 자신을 바라보며 박수를 쳐준 것도 좋았고, 기뻐하실 부모님의 모습을 떠올려도 기분이 좋았다. 태어나서 처음으로 인정받은 가장 행복한 날이었다.

학부모 참관 수업

"못난아, 준비 다 됐니?"

로라가 막 옷을 갈아입고 있을 때, 아래층에서 엄마가 소리쳤다.

"뭘 꾸물대는 거야?"

뒤이어 아빠의 목소리도 들려 왔다.

"휴, 왜 저렇게 서두르지?"

로라는 서둘러 옷을 갈아 입고 아래층으로 내려갔다.

"얼른얼른 준비해야지. 그렇게 느려서 어떻게 해?"

엄마와 아빠는 모든 준비를 마치고 현관 앞에 서 있었다. 시계를 보니 등교 시간까지는 30분이나 남아 있었다.

오늘은 학부모 참관 수업이 있는 날이었다. 엄마, 아빠와 함께 교실로 들어선 로라는 교실을 가득 메운 학부모들을 보자 눈앞이 아찔해지면서 가슴이 방망이 치듯 콩닥거렸다.

1년에 한 번 있는 학부모 참관 수업, 로라에게는 언제나 이 날이 악몽 같은 시간이었다. 수업 시간 내내 고개를 숙이고 있는 로라에게 담임 선생님은 연신 고개를 들라고 했고, 게다가 발표를 할 때면 모든 시선이 자신에게만 집중되는 것 같아 머리가 멍해지고 입술이 바짝바짝 타들어갔다.

"쟤는 왜 저렇게 고개를 숙이고 있니? 왜 저렇게 목소리가 작아? 무슨 말인지 하나도 모르겠네."

어디선가 들려온 말에 로라는 자리에 털썩 주저앉기도 했다.

집으로 돌아오면 늘 아빠의 꾸지람이 이어졌다.

"다른 아이들은 다 잘하던데, 넌 왜 그 모양이냐?"

"좀 더 자신 있게 이야기할 순 없니? 옆에 있는 친구도 못 알아듣겠어."

오늘이면 또 하나가 더해질 것이다. 로라는 자리에 앉으며 긴 한숨을 내쉬었다.

"자, 오늘 우리 엄마, 아빠께서 모두 오셨어요. 여러분도 기분이 좋지요?"

담임 선생님은 환하게 웃으며 전에 없이 상냥하게 말했다.

"네!"

"그럼 오늘 수업을 시작할게요. 오늘 수업 시간에 할 일은 각 용액에 따라 리트머스의 종이의 색이 어떻게 변하는지 실험해 보고 기록하는 거예요."

선생님은 아이들에게 푸른색, 붉은색의 리트머스 종이와 각종 용액이 들어 있는 비이커를 나누어주었다.

"혹시 목이 마르다고 해서 오렌지 주스를 덥석 마시면 안 돼요. 만약 누구라도 마시면 그 친구 입 속으로 리트머스 종이를 집어 넣을 거예요."

"와하하하!"

교실이 한바탕 웃음바다가 되었다. 하지만 로라는 가슴이 답답할 뿐 웃음이 나오지 않았다.

모든 실험이 끝나자 선생님은 아이들을 둘러보며 말했다.

"자, 오늘 실험 과정과 결과를 잘 기록했지요? 누가 한번 발표해 볼까요?"

로라는 고개를 더욱 깊이 숙였다.

'제발 나는 아니었으면.'

가장 먼저 발표를 한 것은 노아였다. 노아는 평소답지 않게 점잖은 말투로 발표를 끝냈다. 뒤를 이어 서너 명의 아이들이 더 발표를 했다.

"로라, 이번에는 로라가 한번 발표해 볼까요?"

로라의 가슴속에서 쿵 하고 돌덩이가 떨어졌다.

"로라, 일어서서 발표해야지."

로라는 머릿속이 하얗게 된 채 천천히 자리에서 일어섰다. 그리고 실험 기록지에 얼굴을 파묻다시피 가리고는 입을 열었다.

"오렌지 주스에 담갔을 때 푸른 리트머스 종이는 붉게 변했고, 비눗물에 담갔을 때 붉은 리트머스 종이는 푸르게……."

"잠깐만, 로라."

선생님은 로라의 말을 막았다.

"다시 고개를 좀 들고, 좀 더 크게 말해볼래? 부모님께 예쁜 얼굴을 보여드려야지. 자신 있게 해보렴."

선생님은 미소를 지으며 말했지만, 그럴수록 로라는 더욱 긴장될 뿐이었다.

"오렌지 주스에 담갔을 때 푸른 리트머스 종이는 붉게 변했고, 비눗물에 담갔을 때 붉은 리트머스 종이는 푸르게 변했습니다. 하지만 물과 우유에서는 두 리트머스 종이 모두 아무 변화가 없었습니다."

로라는 떨리는 목소리로 재빠르게 읽고 난 뒤 자리에 앉았다. 쿵쾅거리는 가슴은 가라앉을 줄 몰랐다. 뒤에서 수군거리는 소리가 들려오는 것만 같았다.

"넌 어떻게 매번 그 모양이냐?"

힘겨운 하루를 마치고 집으로 온 로라에게 날아온 아빠의 첫 마디였다.

"발표를 할 땐 고개를 들고, 어깨를 쫙 펴고, 큰 목소리로 하라고 몇 번을 이야기했니? 어째 매번 학교에 갈 때마다······."

아빠의 크고 굵은 목소리가 온 집 안에 울렸다. 그럴수록 로라의 가슴은 더욱 움츠러들었다.

"아유, 그만 하세요. 못난아, 아빠는 우리 못난이가 더 잘할 수 있다고 생각해서 그러시는 거야. 못난이도 알고 있지?"

어느새 곁으로 다가온 엄마가 말했다.

"오늘 그래도 잘했어. 목소리가 조금 작긴 했지만, 점점 나아지고 있잖니. 엄마는 우리 못난이밖에 안 보이던걸?"

엄마는 로라의 어깨를 두드렸다. 그런데 그때였다.

"쳇, 못난이 누나는 맨날 아빠한테 혼난대요."

이층에 있던 동생 토미가 계단을 뛰어 내려오며 놀리듯 말했다. 로라는 토미를 노려보았다.

"그렇게 째려보면 어쩔 건데?"

토미는 지지 않고 로라에게 덤벼 들었다.

"너 조용히 못 해? 한 번만 더 까불어!"

로라가 토미를 향해 꽥 소리를 질렀다.

"너희들 뭐하는 짓이야? 토미 넌 왜 누나한테 대들어? 그리고 못난이 넌 뭘 잘했다고 동생한테 큰 소리야? 발표할 때나 그렇게 크게 좀 말하지 그랬어?"

소파에 앉아 있던 아빠가 로라와 토미를 향해 큰 소리로 화를 냈다.

토미는 로라를 향해 입술을 쭉 내밀더니 금세 아빠 곁에 앉아 재롱을 떨었다.

"허허허, 녀석, 금방 혼이 나고도 참."

아빠의 웃음소리를 뒤로하고 로라는 터벅터벅 계단을 올라 방으로 들어갔다. 온몸에 힘이 쭉 빠졌다.

로라는 코코아 통을 꺼내 흔들어 보았다. 짤랑짤랑 동전이 부딪치는 소리가 나자 마음이 조금 편해졌다. 로라는 노트를 꺼내 심호흡을 한 번하고는 뭔가를 써내려갔다.

못난이, 내 진짜 이름인 로라를 대신하는 또 하나의 이름. 어릴 적부터 난 웃어도 못난이, 울어도 못난이였다. 친척 어른들이, 동네 어른들이 "너 참 예쁘구나"라고 말할 때면 엄마, 아빠는 언제나 "얘가 뭐 예뻐요? 얘는 못난이에요"라고 말하곤 했다. 그러고는 나에게 늘 "누구나 남의 자식에게는 예쁘다고 하는 거야. 그 애가 아무리 못 생겼어도 말이야"라고 말했다.

난 못난이다. 엄마, 아빠는 내가 어른이 되어도 그렇게 부를 것이다. 하지만 난 이 이름이 싫다. 진짜 못난이가 되어 가는 것 같아서 정말 슬프다.

너그럽고 상냥한 태도, 그리고 사랑을 지닌 마음, 이것은 사람의 외모를 아름답게 하는 매우 큰 힘이다.   - 파스칼

정말일까? 정말 그럴까?

로라는 책상에 풀썩 엎드렸다. 잠시 후 눈을 뜨면 지금의 모습이 아닌 정말 예쁜 아이로 바뀌어 있었으면 좋겠다는 상상을 하면서.

3장

누군가 나를 믿어준다면

절대로 포기하지 마라

"우리 빅터, 정말 많이 컸구나. 어느새 열세 살이 됐어."

가방을 매고 거울을 보고 있는 빅터의 뒤로 엄마가 다가오며 말했다. 빅터의 키는 훌쩍 자라서 엄마보다 주먹만큼이나 더 컸다.

빅터는 물끄러미 거울에 비치는 엄마의 얼굴을 쳐다봤다. 핏기 없이 쪼글쪼글한 피부, 움푹 패인 두 눈, 몇 년 사이 엄마의 얼굴은 몰라보게 변해 있었다.

빅터는 얼른 뒤로 돌아 엄마를 꼭 안았다.

"어, 엄마, 하, 학교 다녀 오, 올게요."

"그래, 잘 다녀오렴."

엄마는 빅터의 어깨를 탁탁 두드렸다.

"오늘은 재미있는 문제를 한 번 풀어 볼까?"

수학 시간에 수학 선생님이 빙긋 웃으며 칠판에 뭔가를 써 나갔다.

> 1+2+3+4 …… +100

"1부터 100까지 모든 수를 더하면 얼마가 되는지 계산을 해 보는 거다. 가장 먼저 답을 찾아낸 사람에게는 이걸 상품으로 줄 거야."

수학 선생님은 학용품 세트를 들어올렸다. 빅터는 눈이 번쩍 띄였다. 빅터의 필통 속에 있는 연필은 모두 몽당 연필이었고, 지우개도 너무 작아져 손에 잡히지 않을 정도였다. 게다가 선생님이 보여준 학용품 세트에는 빅터가 무척 갖고 싶었던 샤프펜슬도 들어 있었다.

빅터는 칠판을 뚫어져라 쳐다보았다. 저 숫자들을 다 더하려면 오늘 하루도 모자랄 것이다. 분명히 뭔가 쉬운 방법이 있을 것 같았다. 그렇지만 쉽게 떠오르지 않았다.

"바보, 네가 보면 뭐 알아?"

누군가가 빅터의 뒤통수를 툭 치며 말했다. 더프였다. 문제 풀기는 이미 포기한 채 빅터에게 괜히 시비를 걸었다.

더프의 방해에도 빅터는 칠판을 뚫어져라 쳐다보며 노트에 이것저것 마구 적었다.

"바보, 네가 쓰면 뭐 알아? 큭큭."

더프가 빅터의 등을 콕콕 찌르며 또 다시 시비를 걸었다. 더프의 괴롭힘을 막을 방법은 없다. 그냥 제풀에 지쳐 그만둘 때까지 기다릴 수밖에. 하지만 지금은 더프가 문제가 아니었다. 문제를 빨리 풀어 학용품 세트를 꼭 받아야만 했다.

점점 시간이 흐르자 포기하는 아이들이 늘어나고, 교실은 웅성거리는 소리로 가득 찼다.

"아직 푼 사람 없어?"

수학 선생님이 시계를 쳐다보며 물었다. 그때였다. 빅터와 에이든이 동시에 손을 들었다.

"빅터, 에이든. 두 사람 다 풀었어?"

"네."

빅터와 에이든은 동시에 대답을 했다. 에이든은 수학, 과학 경시대회에서 상도 여러 번 탔고, 수학 천재라는 칭찬도 듣는 아이였다.

"푸하하하, 바보가 문제를 풀었대."

"와하하, 뭔가 착각한 거 아냐?"

여기저기에서 웃음 소리가 터져 나왔다.

$101 \quad 3+98=101 \quad 4+97=101 \quad 5+96=101 \quad 6+95=101 \quad 7+94=101 \quad 8+9$

"조용히 해!"

선생님은 떠드는 아이들을 향해 소리쳤다.

그리고 빅터와 에이든을 번갈아 쳐다보다가 빅터에게 말했다.

"빅터, 앞에 나가서 어떻게 풀었는지 설명해 볼까?"

빅터는 천천히 칠판 앞으로 걸어 나갔다. 그리고 분필을 들고 삐뚤삐뚤 문제를 풀기 시작했다.

> 1+100=101, 2+99=101, 3+98=101……. 101×50=5050

"맞았어?"

"분명히 틀렸을 거야."

아이들은 계속해서 작은 목소리로 웅성거렸다. 선생님은 고개를 갸우뚱거리며 칠판을 쳐다보았다. 그러더니 에이든을 향해 말했다.

"에이든, 네 답은 뭐냐?"

아이들의 시선이 에이든에게로 모였다. 에이든의 표정은 잔

뚝 굳어 있었다.

"제 답과 같아요."

에이든의 말에 교실은 술렁이기 시작했다.

"뭐야? 정말 저게 답이야?"

"저 바보가 저걸 어떻게 알아?"

선생님은 빅터와 에이든을 번갈아 쳐다보았다.

"에이든은 이 문제를 이렇게 풀었지?"

"이 문제는 수학자인 가우스가 어린 시절에 풀었던 문제예요. 전에 책에서 본 적이 있어서 기억하고 있었어요."

"그래, 그럼 빅터 넌 어떻게 풀었니?"

"저, 저는 그, 그냥 새, 생각이 나서, 처, 처음 수랑 끝 수랑 더하고 다, 다음 수들을 더해 보니까 모, 모두 가, 같은 수가 나오고, 이, 이게 50번 바, 반복되니까……."

고개를 한쪽으로 기울인 채 빅터의 말을 듣던 선생님은 눈썹을 찡그리며 물었다.

"다시 한 번 물어보겠다. 솔직히 대답해. 어떻게 풀었니?"

굵고 낮은 선생님의 목소리에 빅터는 어깨가 움추러 들었다.

"처, 처음 수랑 끄, 끝 수를 더하니까……."

"됐다. 더 들을 필요 없어."

수학 선생님은 그만 하라는 손짓을 해 보였다. 그러고는 교탁 앞으로 가서 섰다.

"에이든이 말한 대로 이 문제는 독일의 수학자 가우스가 어린 시절에 풀었던 문제야. 수학의 역사에서 천재로 불리는 사람이지. 만일 이 문제를 풀었다면 그 사람은 분명 가우스만큼 뛰어난 천재일 거야. 그렇지만……."

선생님은 잠시 말을 쉬었다. 아이들은 침을 꼴깍 삼키며 선생님을 쳐다봤다.

"그건 어디까지나 자기 힘으로 풀었을 때 이야기지."

선생님은 무서운 표정으로 빅터를 쏘아보며 물었다.

"빅터, 에이든의 노트를 봤니?"

빅터는 세차게 고개를 저었다.

"그럼 그렇지."

"맞아, 빅터랑 에이든이랑 가까이 앉아 있잖아."

아이들은 또 다시 수근거렸다.

"빅터, 솔직하게 말해. 에이든의 노트를 봤어, 안 봤어?"

"아, 안 봤어요."

"빅터!"

수학 선생님은 교실이 떠나갈 듯 크게 소리를 쳤다.

"이 문제는 아주 어려운 문제야. 풀지 못하는 게 당연한 거라고! 문제를 풀지 못하는 건 창피한 것이 아니지만, 거짓말을 하는 건 아주 부끄러운 일이야. 빅터는 거짓말을 했기 때문에 이 문제를 풀지 못한 걸로 하겠다."

빅터의 얼굴이 빨갛게 달아올랐다.

터질 듯 가슴이 답답했지만, 아무 말도 할 수 없었다.

"이 학용품 세트는 에이든에게 주겠다."

에이든은 앞으로 나가 학용품 세트를 받았다. 그리고 자리로 돌아오면서 빅터를 향해 조롱하는 듯 웃었다.

모든 수업이 끝나고 빅터는 운동장 구석에 있는 의자에 앉아 있었다. 계속 수학 시간에 있었던 일이 떠올랐다. 수학 선생님의 무서운 표정과 아이들의 비웃는 얼굴, 자꾸자꾸 생각이 나서 눈을 질끈 감고 고개를 세차게 저었다.

"빅터, 뭘 그렇게 생각하고 있니?"

스튜어트 선생님이었다. 선생님은 빅터의 옆에 앉으며 물었다. 하지만 빅터는 아무 말도 하고 싶지 않았다.

"무슨 일 있었니?"

스튜어트 선생님은 팔로 빅터의 어깨를 감싸 안았다. 갑자기 빅터의 눈에서 굵은 눈물이 흘렀다.

"빅터, 왜 그러는 거야?"

선생님이 깜짝 놀라며 빅터의 얼굴을 보았다.

빅터는 수학 시간에 있었던 일을 천천히 이야기했다. 스튜어트 선생님은 아무 말 없이 빅터의 이야기를 끝까지 들어 주었다.

"저, 저는 거, 거짓말을 하, 하지 아, 않았어요."

"그래, 빅터, 넌 거짓말을 하지 않았어. 난 알고 있단다."

스튜어트 선생님은 길게 한숨을 내쉬었다.

"빅터, 선생님 이야기를 들어볼래?"

빅터는 힘없이 고개를 끄덕였다.

절대로, 절대로, 절대로 포기하지 마라

옛날, 영국에 한 소년이 있었다. 소년은 엄마 배 속에서 열 달을 채우지 못하고 8개월 만에 태어났다. 태어날 때부터 몸이 약했던 소년은 늘 병을 달고 살았다.

 그래서 또래 친구들보다 훨씬 작고, 체력도 약했다. 게다가 혀도 짧고 말도, 심하게 더듬었으며, 자기 물건조차 제대로 챙기지 못할 만큼 산만했다.

학교 공부는 늘 꼴찌를 도맡았고, 친구들에게 따돌림을 당해 언제나 외톨이였다. 심지어 소년의 아빠조차 '가문의 수치'라며 소년을 부끄러워했다.

그러던 어느 날, 소년은 더 이상 이렇게 살 수는 없다는 생각을 했다.

그때부터 소년은 하루에 두 시간 이상 운동을 했고, 다섯 시간이 넘게 책을 읽었다. 혀 짧은 소리와 말더듬이를 떨쳐내기 위해서 길을 걸을 때도 발음 연습을 했다.

그리고 청년이 된 후에는 소심한 성격을 고치기 위해 치열한 전투에도 참여했다. 그렇게 그 소년은 조금씩 자신과의 싸움에서 이겨나갔다.

어느덧 소년은 중년의 신사가 되었다.

어느 날 그는 택시에 올랐다.

"BBC 방송국으로 갑시다."

택시 기사는 머뭇거리며 말했다.

"저, 지금 제가 멀리까지 갈 수 없습니다. 한 시간 후에 방송되는 윈스턴 처칠의 연설을 들어야 하거든요."

신사는 택시 기사에게 웃돈을 얹어 주었다. 택시 기사는 어쩔 수 없다는 듯 차를 몰았다.

택시에 타고 있던 중년의 신사, 그가 바로 위대한 정치가이자 웅변가인 윈스턴 처칠이었다.

처칠은 예순일곱 살에 옥스포드 대학 졸업식에서 '절대로, 절대로, 절대로 포기하지 마라'라는 연설을 했다.

팔삭둥이로 태어나 말더듬이, 전교 꼴찌, 외톨이로 살아가던 소년이 위대한 정치가가 되기까지 그의 인생에서 포기는 없었다.

"어때? 내 이야기가?"

이야기를 마친 스튜어트 선생님은 빅터의 머리를 쓰다듬으며 물었다.

"재, 재미 이, 있어요."

스튜어트 선생님은 빅터의 두 손을 잡고 눈을 맞추었다.

"빅터, 아마 앞으로 살아가는 동안 오늘과 같은 일이 또 벌어질 수도 있어. 어쩌면 더 힘든 일이 있을 수도 있지."

빅터는 고개를 숙였다.

"그렇지만 그때마다 이 말을 절대 잊지 말았으면 좋겠어. '절대로, 절대로, 절대로 포기하지 마라' 알았지?"

빅터는 고개를 끄덕였다.

"빅터, 여기에서 잠시만 기다려 줄래?"

잠시 후 선생님은 뭔가를 들고 왔다.

"자, 이건 내 이야기를 잘 들어준 데 대한 상품이다."

스튜어트 선생님이 건넨 건 학용품 세트였다. 수학 선생님의 상품과는 좀 달랐지만, 빅터에게 꼭 필요한 학용품들이 모두 들어 있었다.

"이, 이걸 저, 정말 주시는 거, 거예요?"

빅터는 믿기지 않는다는 듯 눈을 동그랗게 뜨고 선생님을 쳐다보았다.

"그럼, 얼른 받아."

빅터는 조심스럽게 학용품 세트를 받았다.

"빅터, 넌 정말 멋진 아이야. 그러니까 울음 뚝 그치고 아무 일 없다는 듯 집에 가야 한다."

"네."

빅터는 꾸벅 감사의 인사를 했다. 집으로 가는 길, 빅터의 마음은 구름 위를 걷는 것처럼 붕붕 떠올랐다. 금방이라도 하늘로 날아오를 수 있을 것 같았다.

IQ 테스트

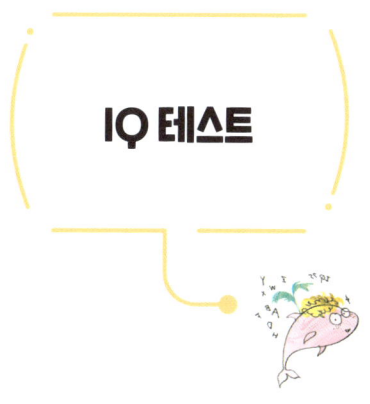

"정신 똑바로 차려!"

빅터는 침대에서 벌떡 일어났다. 온몸은 식은 땀으로 범벅이 되어 있었다.

'휴우, 꿈이었구나.'

빅터는 안도의 한숨을 내쉬었다. 하지만 얼굴은 계속 굳어 있었다.

한 달 전, 빅터는 컴퓨터실에서 어이없는 실수를 저질렀다. 로널드 선생님이 컴퓨터를 '켜라on'라고 말한 것을 '열어라open'로 잘못 알아듣고 컴퓨터를 뜯어내려 했었다. 아이들은 빅터를 쳐다보며 비웃었고, 로널드 선생님이 부리나케 달려와 빅터를 말렸다.

"넌 도대체 무슨 생각을 하고 사는 거냐? 컴퓨터를 뜯어내 겠다고? 나 원 참. 돌고래도 너보다는 똑똑하겠다. 정신 똑바로 차려!"

 로널드 선생님은 빅터의 어깨를 잡고 앞뒤로 두어 번 흔들었다. 꿈에서 깨어난 빅터는 아직도 선생님의 말이 생생하게 들리는 것 같아 두 귀를 막았다.

 빅터는 겨우 몸을 일으켜 트레일러의 창문을 열었다. 건너편 정비소에서 자동차 타이어를 고치고 있는 아빠의 모습이 보였다. 아빠는 정비소 기술자들 중에서 가장 일찍 출근을 하고 가장 늦게 퇴근했다. 그리고 가장 나이도 많았다.
"빅터야, 일어났니?"
 빅터가 학교에 가기 위해 트레일러 문을 열고 나가자 아빠가 손을 흔들며 환하게 웃었다.
 빅터와 아빠는 낡은 이동식 트레일러에서 살고 있다. 오랫동안 아프던 엄마가 세상을 떠난 뒤, 아빠는 술에 빠져들었다. 술 때문에 몇 번이나 직장에서 쫓겨난 다음에는 살던 집도 잃게 되었다.
 트레일러로 짐을 옮기던 날, 빅터는 트레일러를 타고 여행을 하는 줄 알고 마냥 신이 났었다. 어디로 떠나는 거냐고 계속 묻는 빅터에게 아빠는 아메리카 대륙 일주를 떠날 거라고 말했다.

"대, 대륙 일주요? 그, 그럼 우, 우편번호 90001, 로, 로스앤젤레스 89044, 라, 라스베이거스, 또, 뉴, 뉴욕도 간다고요? 우, 우편번호……."

빅터가 미국 모든 도시의 우편번호를 말하기 전에 아빠는 이렇게 말했다.

"그래, 전부 다 갈 거다. 돈을 조금만 더 모으면 말이지."

하지만 트레일러는 아메리카 대륙은커녕 도시 밖으로도 나가지 못했다.

빅터가 스쿨버스에 오르자 더프가 "꿰억! 꿰억!" 돌고래 흉내를 냈다. 그러자 아이들은 큰 소리로 웃음을 터뜨렸다. 더프는 어린 시절부터 중학생이 된 지금까지도 빅터를 괴롭혔다. 그렇지만 그런 더프를 싫어하는 아이는 아무도 없었다.

빅터는 얼굴이 벌겋게 달아오른 채 버스 안을 두리번거렸다. 옆 자리가 비어 있던 아이들은 혹시라도 빅터가 와서 앉을까 봐 빈 자리에 가방을 올려놓거나 다리를 뻗고 앉아 있었다.

"어서 앉아라. 출발해야 하니까."

버스 기사 아저씨가 빅터를 향해 소리쳤다. 빅터는 버스 뒤편에 가방이 놓여 있지 않은 빈 자리를 하나 찾아냈다. 옆자리에는 로라가 앉아 있었다.

 버스가 출발하려고 덜컹거리자 빅터는 얼른 자리에 앉았다. 로라는 창밖을 바라보며 무언가 곰곰이 생각을 하는 것 같았다. 빅터는 로라의 얼굴을 찬찬히 살펴보았다. 콧잔등의 주근깨, 긴 속눈썹 아래로 파란 눈동자가 보였다. 빅터는 로라의 눈동자가 파란색이라는 사실을 처음 알았다.

 "뭘 보니?"

 가만히 앉아 있던 로라가 빅터의 시선을 느낀 듯 눈을 흘겼다.

 "고, 고마워. 로라."

 빅터는 화들짝 놀라 말했다.

 "뭐가 고맙다는 거야?"

 "여, 옆자리에 앉게 해줘서."

 "난 이 버스의 주인이 아니야. 빈자리에 앉는 건 당연한 거야."

 로라는 퉁명스럽게 말했다.

 "예, 예전엔 흑인은 버스에 못 앉았대. 또, 또 여자는 투표권이 없었대. 그리고 로마시대엔……."

 "도대체 무슨 소릴 하는 거야?"

 로라는 고개를 홱 돌리며 쏘아붙였다.

 "화, 화났니? 미, 미안해."

 빅터는 안절부절못했다.

"어휴, 또 뭐가 미안하다는 거야? 넌 정말 구제불능이구나."

로라는 답답한 듯 크게 숨을 들이쉬고는 다시 창가로 고개를 돌렸다.

2교시 수업 시간, 로널드 선생님이 두툼한 종이 뭉치를 끼고 교실로 들어왔다.

"IQ 테스트? 오늘 그런 거 한다는 말 없었잖아."

"시험이랑 비슷한 거야?"

선생님은 아이들의 웅성거림에도 아랑곳하지 않고 무표정하게 IQ 테스트 용지를 돌렸다. 아이들은 테스트 용지를 걱정 반 호기심 반으로 내려다보았다.

"선생님, 원숭이 IQ가 몇이에요?"

더프가 불쑥 질문을 던졌다.

"원숭이는 50 정도고, 침팬지는 65 정도로 알려져 있지."

"그럼 돌고래는요?"

더프의 질문에 교실은 웃음바다가 되었다. 아이들은 여기저기서 "꿔억 꿔억" 돌고래 울음소리를 냈다.

"하하하, 오늘 우리 학교에서

가장 낮은 IQ가 나오겠군."

"돌고래, 걱정 마. 동물보호협회에서 널 보호해줄 거야."

모든 아이들의 시선이 빅터에게로 모였다. 빅터는 무척 긴장된 나머지 손가락이 타자를 치듯 저절로 움직이며 책상 위를 두드렸다.

"빅터! 책상 좀 그만 두드릴 수 없니?"

로널드 선생님이 호통을 쳤다.

빅터는 손가락이 떨리지 않도록 두 손을 꽉 맞잡았다. 그때 또 다시 더프의 목소리가 들려왔다.

"바보는 문제를 잘 봐야겠다. 수족관에 들어가지 않으려면 말이야."

또 다시 교실 전체에 웃음이 퍼졌다.

빅터는 어깨를 잔뜩 움츠렸다.

"어서 오렴."

학교를 마치고 온 로라가 현관문을 열고 들어서자 엄마가 웃으며 맞았다.

"냄새 좋지? 오늘은 우리 못난이가 좋아하는 애플파이를 만들었지."

로라는 별다른 대답을 하지 않고 집 안으로 들어섰다. 거실에서 신문을 읽고 있는 아빠의 모습을 보고는 로라는 얼른 2층으로 뛰어 올라갔다.

방으로 들어온 로라는 옷장 서랍을 열어 코코아 통을 꺼내 흔들어 보았다. 이제 제법 무거워져 쉽게 흔들리지도 않았다.

'이 통이 가득 차면 못난이 인생도 이제 안녕이야.'

로라는 깡통을 다시 서랍 속에 집어넣고 노트를 꺼내들었다. 자신만의 이야기로 가득 채운 노트만도 벌써 두 권이나 되었다. 그러는 동안 로라의 글쓰기 실력도 점점 더 좋아져 이제는 왠만한 이야기를 재미있게 지어낼 정도가 되었다.

로라는 글을 쓸 때만은 못난 얼굴도, 기어들어가는 목소리도, 무서운 아빠도 모두 잊을 수 있었다.

"오늘은 뭘 쓸까?"

연필을 굴리며 생각을 하던 로라는 아침 스쿨버스에서 빅터와 만난 일이 떠올랐다. 빅터에게 화를 낸 것이 마음에 걸렸다.

오래전부터 로라는 빅터를 볼 때마다 묘한 느낌이 들었다. 빅터에게서 자신의 모습을 보기 때문이다. 늘 의기소침하고 자신감 없는 모습.

로라는 노트에 빅터의 이름을 적었다가 고개를 휘휘 저으며 다시 지웠다. 그때였다.

"못난이 누나, 연애 편지라도 쓰는 거야?"

토미가 노크도 없이 방문을 열고 소리쳤다.

"넌 왜 남의 방에 함부로 들어오고 난리야? 얼른 나가!"

"쳇, 누군 들어오고 싶어서 왔나? 밥 먹으러 내려 오래."

로라는 인상을 잔뜩 찌푸린 채 노트에 토미에 대한 이야기를 써 내려가기 시작했다. 쓰다 보니 점점 더 기분이 나빠졌다. 어서 모든 걸 버리고 떠나고만 싶었다.

"아빠, 못난이 누나는 매일 노트에 뭘 써요. 작가가 되고 싶다나 뭐라나."

식탁에 앉은 토미는 신 나게 떠들어댔다.

"작가? 왜 하필 작가냐?"

아빠는 샐러드를 집어들며 심드렁하게 말했다. 로라는 아무 말도 하지 않고 묵묵히 밥을 먹었다.

"작가가 되려면 얼마나 공부를 많이 해야 하는지 알아? 뛰어난 재능도 타고 나야 하고."

아빠의 말에 로라는 가슴이 답답해졌다.

"피겨 스케이트 선수가 되겠다고 스케이트도 몇 달 배우다 그만 두고, 테니스도 라켓 몇 번 휘두르다 그만뒀지, 아마? 그리고 피아니스트가 되겠다며 배운 피아노는 제대로 연주하는 곡이 하나라도 있니?"

"어머, 여보, 그만 하세요. 그래도 피아노는 토미가 잘 치고 있잖아요. 찬송가 반주까지 도맡아 하는 걸요."

로라를 감싸는 엄마의 말이 오히려 로라의 가슴을 찔렀다. 아빠의 이야기는 모두 사실이었다. 로라는 이제까지 어느 것 하나 제대로 해낸 적이 없었다. 재능도 없고, 끈기도 없고, 자신감도 없었다. 하지만 토미는 달랐다. 토미는 뭐든 적극적으로 배우고, 재능도 뛰어났다. 항상 동생인 토미와 비교 당하는 자신의 모습이 더 한심하게 느껴졌다.

식사를 하는 내내 로라는 계속 한숨을 내쉬었다.

"못난이, 식탁에서 그 태도가 뭐야? 내 말이 못마땅하기라도 한 거야? 그 흔한 글짓기 상 하나도 못 받으면서 작가를 꿈꾼다는 게 말이나 돼? 뭐든 꾸준히 해서 성과를 보여준 뒤에 네 꿈에 대해 이야기해야지."

아빠는 또 다시 호통을 쳤다. 로라는 허겁지겁 식사를 마치고 식탁에서 일어섰다.

"잠깐 나갔다 올게요."

"어딜……."

로라는 엄마의 말이 끝나기도 전에 현관문을 열고 밖으로 나왔다.

언덕 위 교회의 하얀 십자가 위로 노을이 붉게 물들고 있었다. 아무도 없는 텅 빈 교회 앞마당에는 귀뚜라미 소리만 들려왔다.

로라는 나란히 놓여 있는 두 개의 텅빈 그네로 다가가 앉았다. 그리고 노을을 멍하니 올려다보았다.

'난 왜 이렇게 못났을까?'

로라는 자신이 한심해서 견딜 수가 없었다. 멋지게 살고 싶지만 그럴 수 없을 것 같았다.

로라는 그네에서 일어나 십자가 앞으로 뚜벅뚜벅 걸어갔다. 그리고 천천히 무릎을 꿇고 손을 모았다.

'하느님, 저는 왜 이 모양일까요? 저도 멋진 사람이 되고 싶어요. 쓸모 있는 사람이 되고 싶어요. 하느님, 저를 아름답게 만들어 주세요. 제발 제게 아름다워지는 능력을…….'

그때 인기척이 들렸다. 로라는 깜짝 놀라 일어나서는 무릎에 묻은 흙을 털고 주위를 살폈다.

"누, 누구세요?"

자세히 보니 어두운 풀숲의 나무 뒤편에 누군가의 그림자가 보였다. 그림자는 잠시 우물쭈물하더니 불쑥 튀어나왔다.

"빅터?"

"교, 교회에서 무, 무료로 식료품을 주, 주는 날이라서 아, 아빠를 기다리고 있었어."

"아빠는 어디에 계시는데?"

"교, 교회 안에. 우, 우리 집은 가, 가난해서 기도할 게 많거든."

로라는 주차장에 세워진 고물 트럭을 쳐다보았다.

"나도 기도할 게 많아. 그러니까 방해하지 말아줄래?"

"무, 무슨 기도를 하려고?"

"몰라도 돼."

로라는 차갑게 쏘아붙이고는 그네에 올라앉았다. 빅터는 그 자리에 묵묵히 서 있었다.

"계속 거기에 서 있을 거야?"

로라는 신경질적으로 빅터를 흘겨보았다. 그런데 빅터는 로라를 보는게 아니라 로라 옆의 빈 그네를 내려다보고 있었다.

"타고 싶으면 타."

"고, 고마워."

빅터는 미소를 지으며 옆 그네에 올라탔다.

"넌 참 고마운 것도 많다."

로라는 그네를 앞뒤로 흔들며 하늘을 바라보았다. 그리고 혼잣말로 중얼거렸다.

"노을 참 예쁘다."

"너, 너도 예쁘잖아."

로라를 따라 하늘을 쳐다보던 빅터가 말했다. 로라는 그네를 멈추고 빅터를 쏘아봤다.

"뭐? 너 지금 나 놀리니?"

로라의 날카로운 목소리에 빅터는 흠칫 놀랐다.

"노, 농담 아니야. 조, 조금 전에 네, 네가 노을 아래에서 기도하는 모습은…."

빅터는 뭔가 더 할 말이 있는 듯 침을 꿀꺽 삼켰다.

"참 아, 아름다웠어."

순간 로라는 머릿속이 하얘졌다. 지금껏 단 한 번도 들어보지 못한 말이었다.

"너……."

무척 당황해 얼굴이 빨개진 로라는 말을 제대로 잇지 못했다. 부끄럽기도 하고, 화가 나기도 했다. 들키고 싶지 않은 비밀이 탄로 난 것 같았다.

"사람 약 올리니? 어떻게 나한테 그런 말을 할 수 있어? 다시는 내 눈 앞에 나타나지 마, 알았어? 이 바보야!"

로라는 그네에서 벌떡 일어났다. 그러고는 성큼성큼 언덕을 걸어 내려왔다. 한참을 내려오다 뒤를 돌아보았다. 흔들리는 빈 그네와 어깨를 잔뜩 움츠린 빅터의 모습이 노을 속에 검은 그림자로 남아 있었다.

자신을 못 믿는 사람

　오후 수업이 시작되기 전이었다. 합창 연습을 마친 한 무리의 아이들이 교실에 들어왔다. 그러나 아직 절반의 자리가 비어 있다. 그 아이들은 밴드 연습을 마치고 악기를 정리하느라 조금 늦게 올 참이었다.

　이때 창가에 기대어 서 있던 레이첼 선생님이 손뼉을 치며 아이들의 시선을 모았다.

　"얘들아, 우리 재미있는 실험 하나 해 볼까?"

　"문학 수업에도 실험이 있어요?"

　호기심이 발동한 아이들은 눈을 반짝이며 선생님이 들고 있던 종이를 번갈아 쳐다보았다. 종이에는 간단한 그림이 그려져 있었다.

"왼쪽 종이의 직선과 길이가 똑같은 직선은 몇 번일까? 눈을 감고 손가락으로 번호를 표시해 보렴."

눈을 감은 아이들은 모두 손가락을 V자 모양으로 만들었다.

"모두 맞았어. 정답은 2번이야."

눈을 뜬 아이들은 서로의 손가락을 확인했다. 그러고는 시시한 듯 뾰루퉁한 표정을 지었다.

"이게 실험이에요?"

"아니, 이제부터가 진짜 실험이야."

선생님은 아이들을 가까이 불러모으고는 작은 목소리로 말했다.

"너희는 A그룹이고, 나중에 들어오는 아이들은 B그룹이 되는 거야. B그룹 아이들이 들어오면 선생님이 똑같은 문제를 낼 거야. 그럼 너희들은 1번이 정답이라고 주장하는 거지. 너희들이 연극을 잘해줘야 실험이 성공할 수 있단다."

"걱정 마세요. 저희가 완전히 속일 테니까요."

아이들의 얼굴에는 장난기가 가득했다.

수업시간이 다가오자 B그룹에 속할 아이들이 교실로 들어왔다. 수업 종이 울리자 레이첼 선생님은 아까처럼 종이 두 장을 들고 길이가 같은 직선을 찾아보라고 했다.

"1번 같은데?"

"무슨 소리야? 2번이잖아."

"아냐, 1번이야."

작전대로 A그룹 아이들은 여기저기서 목소리를 높였다. 그러자 B그룹 아이들은 그림을 뚫어져라 쳐다보며 고개를 갸웃거렸다.

"자, 조용! 이제 눈을 감고 똑같은 길이의 직선이 몇 번인지 손가락으로 표시해 보렴."

레이첼 선생님의 말에 아이들은 손을 들었다. A그룹 아이들은 손을 드는 척하며 조용히 눈을 뜬 채 B그룹 아이들의 손을 확인했다. 손가락들이 제각각이었다.

이상한 낌새를 느낀 B그룹 아이들이 하나둘 눈을 뜨자 A그룹 아이들은 웃음을 터뜨렸다.

"하하하, 너희들 바보냐? 그걸 못 맞히게?"

B그룹 아이들이 어리둥절한 표정을 지었다. 그러자 레이첼 선생님이 어떻게 된 일인지를 설명했다.

"자, 이 실험은 '애시'라는 심리학자가 사람의 동조성향을 알아보기 위해 했던 실험이란다."

"동조성향? 그게 뭐예요?"

"다른 사람의 의견에 자신의 생각을 맞추는 걸 말하지. 자, 생각해 보렴. A그룹 친구들은 모두 정답을 맞혔지만, B그룹 친구들은 절반밖에 맞히지 못했어. 두 그룹의 차이가 뭐였을까?"

"A그룹은 이미 정답을 알고 있었잖아요."

바보라는 소리에 기분이 상한 B그룹의 한 아이가 투덜거리며 말했다.

"아니야. A그룹은 방해를 받지 않았고, B그룹은 방해를 받았다는 게 차이점이지. A그룹은 스스로 생각을 했고, B그룹은 방해하는 친구들에게 둘러싸여 있다보니 그 친구들의 생각을 따라가 버린 거야."

아이들은 숨을 죽이고 선생님의 이야기에 귀를 기울였다.

"그러니까 이건 자신을 믿느냐, 남을 믿느냐의 차이인 셈이지. B그룹은 자신을 믿기보다 남의 말에 흔들려서 정답을 맞추지 못한 거야. 무슨 말인지 알겠니?"

아이들은 고개를 끄덕였다.

"예전에 백만장자들에게 부자가 된 비결이 뭔지 물어본 적이 있단다. 그들은 한결같이 '나 자신을 믿었다'라고 말했어. 자기 스스로를 믿는다는 건 자신의 생각과 가능성을 믿는 걸 말하지."

"에이, 그럼 누구나 다 백만장자가 됐게요."

"그래. 지금 너희들은 그렇게 생각하겠지. 그런데 어른이 되면 자신을 믿기가 더 어려워진단다. 방금 B그룹 친구들이 방해를 받은 것처럼, 세상에는 수많은 방해꾼들이 있거든. 그 방해꾼들 때문에 스스로를 믿지 못하게 되면 아무리 뛰어난 사람도 자신의 능력을 발휘할 수 없게 되지. 그러니까 너희는 언제까지나 자신에 대한 믿음을 버려서는 안 된단다. 다들 알았지?"

레이첼 선생님은 시간을 확인하고 문학 수업을 시작했다. 수업이 조금 늦어지긴 했지만, 시간을 낭비했다고 생각하지는 않았다. 아이들에게 자신을 믿게 하는 것은 선생님으로서 꼭 해야 할 일이라고 생각했기 때문이다.

수업이 끝나자 아이들이 교실을 빠져나갔다. 그런데 빅터만은 교실을 나가지 않고 덩그러니 남아 있었다.

"빅터야, 할 말이 있니?"

"이, 이것 하, 한번 봐, 봐 주실래요?"

빅터는 덜덜 떨리는 손으로 노트를 내밀었다.

"지, 지난 수업에 서, 선생님께서 마, 말씀하신 발명왕 에, 에디슨 이야기를 듣고 저, 저도 바, 발명품을 만들고 싶어서."

노트에는 리모컨 그림이 그려져 있고, 그 옆에는 간단한 설명이 삐뚤삐뚤한 글씨로 적혀 있었다.

"소리 나는 리모컨?"

레이첼 선생님은 흥미로운 표정으로 빅터의 노트를 읽어내려 갔다. 노트에는 집 안에서 리모컨을 잃어버렸을 때, 리모컨 자체적으로 소리가 나도록 해서 찾게 한다는 내용이 적혀 있었다.

"빅터, 대단한걸. 이제 리모컨을 잃어버려도 거실을 한바탕 뒤집을 필요가 없겠구나. 정말 근사한 아이디어야."

레이첼 선생님은 환하게 웃으며 말했다. 빅터는 쑥스러워서 어찌할 바를 몰랐다.

"빅터야, 노트 좀 빌려줄 수 있겠니?"

빅터는 고개를 크게 끄덕였다. 레이첼 선생님은 이 발명품이 빅터의 자신감을 키워줄 좋은 기회가 될 수 있을 거라 기대했다.

흐뭇한 기분으로 교무실에 들어온 레이첼 선생님은 발명반을 맡고 있는 로널드 선생님에게 빅터의 노트를 보여주었다.

"빅터의 발명품 아이디어예요. 이번 발명 경진대회에 출품시키면 어떨까요?"

심드렁한 표정으로 노트를 살펴보던 로널드 선생님은 빅터라는 이름을 듣자 혀를 차며 노트를 덮었다.

"왜 그러세요?"

"소리 나는 리모컨은 작년 전국 학생 발명 대회에서 대상을 탄 작품입니다. 발명에 조금이라도 관심을 가진 사람이라면 다 알고 있는 사실이죠. 아무래도 선생님의 관심을 받으려고 일부러 베낀 게 분명해요."

레이첼 선생님은 빅터의 맑은 눈빛을 떠올렸다. 일부러 거짓말을 할 아이는 아니었다.

"빅터가 정말 몰랐을 수도 있잖아요."

"그건 아닐 겁니다. 그 녀석은 이런 아이디어를 떠올릴 만큼 머리가 좋지 않아요."

로널드 선생님은 고개를 절레절레 저었다.

"선생님, 어쩜 그렇게 쉽게 말씀을 하세요? 그 아이에게도 우리가 몰랐던 재능이 있을 수 있잖아요."

로널드 선생님은 책꽂이를 이리저리 뒤지더니 종이 한 장을 꺼내 레이첼 선생님에게 들이밀었다.

"이거 보세요. 빅터는 IQ가 73이에요. 이런 머리로 어떻게 그런 아이디어를 떠올릴 수 있겠습니까?"

그때 등 뒤에서 웃음소리가 들렸다.

"푸하, 73? 73이라고요? 빅터의 IQ가요?"

용무가 있어 교무실에 왔던 더프가 두 선생님의 이야기를 들은 것이었다. 더프는 잽싸게 달려와 빅터의 IQ 결과지를 훔쳐봤다. 당황한 레이첼 선생님이 얼른 결과지를 덮었다. 그리고 더프를 조용한 곳으로 데려갔다.

"더프, 절대 다른 아이들에게 빅터의 IQ를 말해선 안 돼. 빅터를 위해 반드시 비밀로 해야 해. 약속할 수 있지?"

"뭐, 알았어요."

더프는 건성으로 대답하고는 키득거리며 밖으로 나갔다.

며칠 후, 빅터의 사물함에는 빨간 글씨로 'IQ 73'이라는 글자가 대문짝만 하게 적혀 있었다. 게다가 빅터의 등에는 늘 '바보', '저능아'라고 쓰인 종이가 붙어 다녔다. IQ가 알려진 후 빅터는 더더욱 따돌림을 당했다. 모르는 아이에게 뒤통수를 맞기도 했

고, 사라진 신발을 찾느라 쓰레기통을 뒤지기도 했다.

보다 못한 레이첼 선생님이 빅터를 불렀다.

"빅터야, 요즘 많이 힘들지?"

"괘, 괜찮아요. 하, 학교를 그만 두, 두기로 했거든요."

"뭐라고?"

"로, 로널드 서, 선생님과 아, 아빠가 사, 상담을 해, 했는데, 다음 날 아, 아빠가 하, 학교를 그만 다, 다녀야 할 것 가, 같다고."

"세상에, 빅터야."

레이첼 선생님은 빅터를 꼭 껴안았다.

"서, 선생님, 소, 소리……."

"뭐?"

"소, 소리 나는 리, 리모컨, 그, 그게 벌써 바, 발명된 줄은 저, 정말 몰랐어요. 미, 믿어주세요."

안쓰럽게 바라보던 레이첼 선생님은 빅터의 손을 잡았다.

"물론 믿고말고. 그러니 빅터, 너도 스스로를 믿어야 해."

"무, 무슨 뜻인지 잘 모르겠어요. 저를 미, 믿으라고요? 저는 바, 바보인데요?"

빅터는 눈을 껌벅거렸다.

"저, 저는 돈을 버, 벌 거예요. 아, 아빠를 도와 드, 드려야 해요."

레이첼 선생님은 더 이상 아무 말도 할 수 없었다. 계속 학교를 다니라고 하기엔 빅터를 잔인하게 괴롭히는 아이들이 너무나 많았다. 그렇다고 빅터를 위해 해줄 수 있는 일도 없었다. 레이첼 선생님은 온몸의 기운이 쏙 빠졌다.

일주일 뒤, 빅터는 종이 가방에 소지품을 챙겨 학교를 나섰다. 빅터를 따라 나온 사람은 레이첼 선생님뿐이었다.

"빅터야, 학교에서 하는 공부가 전부가 아니야. 항상 무언가를 관찰하고 배워야 더 나은 사람이 된단다. 어디에서든 열심히 보고, 배워야 해. 절대 포기해선 안 된다. 알았지?"

"고, 고마워요. 바, 바보에게 자, 잘해주셔서."

빅터는 레이첼 선생님에게 꾸벅 인사를 하고는 교문 밖에 서 있던 아빠의 고물 트럭에 올랐다.

레이첼 선생님은 트럭이 사라진 뒤에도 좀처럼 자리를 뜨지 못하고, 나무처럼 서 있었다.

4장

누구에게나 숨겨진 날개가 있다

광고판의 비밀

드르르륵. 드르르륵.

복사기가 소리를 내며 종이를 뽑아냈다. 대학교를 졸업하고 시청에서 시간제 직원으로 일하는 로라는 업무시간의 절반 이상을 복사기와 씨름하고 있었다.

집으로 돌아온 로라는 식탁 한 편에 쌓아둔 우편물을 살펴보다 보내는 사람이 '레이첼'이라고 적힌 봉투를 발견했다.

"레이첼? 레이첼이 누구지? 같은 고등학교를 졸업한 친군가?"

로라는 고개를 갸웃거리며 봉투를 뜯었다. 편지의 내용을 확인하던 로라의 얼굴이 점점 벌게졌다. 로라는 그 편지를 몇 번이고 다시 읽었다. 그러고는 믿기지 않는다는 듯 눈을 뜨게 떴다.

"나랑 함께 책을 쓰고 싶다고? 레이첼이라는 작가가?"

꿈을 꾸는 것 같았다. 로라는 얼음물을 들이키고서야 간신히 가슴을 진정시켰다. 그러나 금세 다시 가슴이 다시 방망이질쳤다. 그 날 밤, 로라는 열 번도 넘게 편지를 읽고 또 읽었다. 도무지 잠이 오지 않았다.

"레이첼 선생님?"
"로라 던컨?"

약속 장소에서 로라가 만난 사람은 10년 전 메를린 학교의 문학 선생님이었던 레이첼 선생님이었다. 로라는 무척 놀라 입을 다물지 못했다. 놀란 것은 로라만이 아니었다.

"혹시나 했는데, 정말 너였다니!"
"선생님께서 작가가 되셨을 줄은 상상도 못했어요!"

레이첼 선생님은 지금도 다른 중학교에서 문학을 가르치고 있었다. 선생님은 평소 아이들을 가르치며 얻은 교훈과 경험을 바탕으로 책을 쓰고자 계획 중이며, 그 일을 도와줄 사람으로 로라를 선택한 것이다.

"예진에 문예지에서 네 글을 본 적이 있어. 요즘은 어떤 글을 쓰니?"

"요즘은 글을 쓰지 않아요."

"아니, 왜?"

"어떤 선생님께서 제 글이 사춘기 소녀의 일기장 같다고 하더라고요. 그 후로는 제 글이 너무 형편없어 보여서."

이야기를 듣던 레이첼 선생님은 고개를 흔들었다.

"월트 디즈니도 처음엔 사람들에게 재미도 없고, 재능도 없다는 소리를 들었단다. 그런 말은 신경 쓸 필요가 없어. 로라 넌 충분히 재능이 있어."

로라는 순간 가슴 한 구석이 뻐근해졌다. 재능이 있다는 말, 어디에서도 들어보지 못한 말이었다.

"어떤 내용을 쓰시려고요?"

"에머슨이 말한 제 1법칙."

"그게 뭔데요?"

"자기 믿음."

로라는 어렴풋이 오래전 레이첼 선생님이 아이들과 함께 했던 실험이 떠올랐다. 그때도 레이첼 선생님은 자기를 믿는 것이 성공의 열쇠라고 말했었다.

"좀 더 자세히 말씀해 주세요."

"그래."

로라는 오랫동안 덮어두었던 작가 노트를 펼쳤다. 잃어버렸던 꿈을 되찾은 듯한 기분이 들어 가슴이 울렁거렸다. 그 날 두

두 사람의 대화는 늦게까지 끝날 줄 몰랐다.

"어이, 빅터, 선반 위에 공구상자 좀 가져와!"

정비공이 소리 치자 자동차를 닦고 있던 빅터가 얼른 공구상자를 가져다 주었다.

"빅터, 마트에 가서 콜라 좀 사와라. 모두 같이 먹을 수 있게."

다시 자동차를 닦으려는 순간, 정비소 사장이 심부름을 시켰다.

빅터는 아빠가 일하는 정비소에서 허드렛일을 하며 용돈을 벌고 있었다.

콜라를 마시며 쉬고 있을 때 아빠가 다가왔다.

"빅터, 힘드냐?"

"아, 아니요. 저, 저는 이 일이 조, 좋아요. 아, 아빠랑 늘 함께 있을 수 이, 있잖아요."

"너도 이제 스물세 살이다. 이렇게 허드렛일만 할 때가 아닌데."

빅터는 아무 말 없이 콜라를 한 모금 들이켰다.

"빅터, 운전을 배워볼래? 옆에서 보는 것과 직접 운전하는 건 분명 다르단다."

"저, 저기 마르코 형이 우, 운전을 가르쳐준댔어요. 여, 여자 친구가 생기면요. 그, 그러니까 배울 일은 어, 없을 거예요."

빅터는 해맑게 웃으며 말했다. 아빠는 건너편에 앉아 콜라를 마시고 있는 마르코를 불렀다.

"이봐, 마르코, 내 부탁 하나만 들어주게."

"뭔데요?"

"오늘부터 빅터에게 운전을 좀 가르쳐 줘. 앞으로 한 달 동안 자네 저녁 일은 내가 대신 해주겠네."

마르코는 찡그렸던 이마를 슬쩍 피며 고개를 끄덕였다.

"좋아요. 대신 한 달 이상이 될 수도 있어요."

"알겠네."

빅터는 자신의 생각과는 상관없이 벌어진 이 상황에 어리둥절할 뿐이었다.

　빅터는 30분째 운전대를 붙잡고 씨름을 하는 중이었다. 얼마나 운전대를 세게 쥐었는지 어깨와 목이 부들부들 떨리고 온몸이 땀에 젖었다.
　"어휴, 쯧쯧. 차 세워. 오늘은 첫날이니까 이 정도면 됐어. 자리 바꾸자."
　보다 못한 마르코가 빅터의 어깨를 두들기며 말했다.
　자리를 바꿔 앉은 빅터는 그제서야 안도의 한숨을 내쉬었다. 빅터에게 운전은 아직 너무 어려운 일이었다.
　조수석에 앉아 창밖을 바라보던 빅터의 눈에 언덕 위 교회가 보였다.
　"로라는 그때 무슨 기도를 했을까?"
　교회를 바라보며 생각에 잠겨 있던 빅터는 저도 모르게 중얼거렸다.
　"뭐? 기도를 했다고?"
　빅터의 말을 잘못 알아들은 마르코가 눈썹을 찡긋거리며 물었다.
　"아, 그게 아니고…… 아니, 기, 기도 했어요."
　빅터는 마르코가 자신의 말을 잘못 알아들어 다행이라고 생각했다. 로라가 누구냐고 물어보면 대답하기 어려웠을 테니까.

　교회를 보며 빅터는 옛 추억을 떠올렸다. 붉게 물든 하늘과 노을 아래서 기도하던 소녀, 흔들리던 그네, 모든 것이 어제 일처럼 또렷하게 떠올랐다. 그때 로라가 어떤 기도를 했는지는 여전히 궁금했다. 빅터는 멀어지는 교회를 바라보며 달콤한 기억을 갖게 해준 하느님께 감사드렸다.

"빅터, 아이스크림 하나만 사 와라. 무척 덥다."
　시내에 차를 세운 마르코는 빅터에게 1달러를 내밀었다. 빅터는 차에서 내려 아이스크림 가게로 걸어갔다. 가게 앞에는 아홉 살 정도 되어 보이는 아이 셋이 앉아 아이스크림을 먹고 있었다.
"와! 바보 빅터다!"
　가게로 들어가는 빅터의 등 뒤로 아이들의 목소리가 들렸다.
"형이 IQ가 73이라며? 정말이야?"
　아이들은 손가락질하며 빅터를 놀렸다.
"형 별명이 돌고래라며?"
"크크, 진짜 바보다, 바보!"
　그중에서 가장 덩치 큰 아이가 낄낄거리며 다가오더니 빅터를 툭 치고 지나갔다. 빅터가 중심을 잃고 비틀대자 다른 아이가 재미있다는 듯 다시 다가와 또 한 번 빅터를 쳤다. 성인이 되었음에도 동네 아이들 사이에서 바보라는 놀림은 계속되고 있는 듯했다. 하지만 빅터는 어떤 반응도 보이지 않았다.

"너희들 뭐하는 짓이니?"

어디선가 들려온 목소리에 아이들이 후닥닥 도망쳤다.

"저기, 괜찮아요?"

"괘, 괜찮아요. 저, 저는 아, 아무렇지도 않아요."

빅터는 아무 일도 아니라는 듯 가볍게 옷을 털며 여자쪽으로 몸을 돌렸다. 그런데 그 순간, 빅터는 망치로 머리를 얻어맞은 것 같았다.

"어, 로, 로라!"

로라는 일주일에 두 번, 레이첼 선생님의 집에 갔다. 선생님이 모아둔 자료를 정리했고, 두 사람은 머리를 맞대고 그것을 완전한 글로 발전시켰다. 둘 다 직장을 다니고 있어 피곤할 만도 했지만, 두 사람의 얼굴에는 늘 웃음이 가득 차 있었다.

"이걸 한번 읽어 보겠니?"

레이첼 선생님이 준 자료에는 예전에 실제로 있었던 한 소녀의 이야기 적혀 있었다.

발레리나를 꿈꾸던 소녀와 발레리노

러시아의 어느 시골 마을에 발레리나를 꿈꾸는 소녀가 살고 있었다. 소녀는 꿈을 이루기 위해 열심히 발레를 연습해 또래보다 실력이 뛰어났다.

소녀의 발레 실력이 늘수록 소녀는 더 어려운 기술을 배워야 했고 그만큼 실패하는 횟수가 많아졌다. 소녀는 점점 자신을 의심하기 시작했다.

'이렇게 실수투성이인데, 과연 나에게 재능이 있는 걸까?'

그러던 어느 날, 세계 최고의 발레리노(남자 무용수)가 소녀의 마을을 방문했다. 소녀는 자신의 재능을 확인하기 위해 행사장으로 달려갔다. 소녀는 발레리노에게 간청을 해 그 앞에서 춤을 출 수 있는 행운을 얻었다.

소녀는 떨리는 마음을 추스르고 춤을 추기 시작했다. 하지만 무심한 눈으로 소녀를 바라보던 발레리노는 1분도 채 지나지 않아 손사래를 쳤다.

"그만! 너처럼 뻣뻣하게 춤을 추는 아이는 생전 처음 보는구나. 넌 재능이 없어."

소녀는 눈물이 핑 돌았다. 정말로 자신이 재능이 없다니. 소녀는 인정하고 싶지 않았지만 세계 최고의 발레리노가 내린 평

가였기에 인정할 수밖에 없었다. 결국, 소녀는 재능이 없다는 사실에 발레를 포기하고 말았다.

그 후 소녀는 자라서 평범한 여인이자 가정주부가 되었다.

시간이 흘러, 시골 마을에는 또다시 발레리노가 참석하는 행사가 벌어졌다. 여인은 행사장에서 은퇴한 발레리노를 만날 수 있었다. 여인은 그를 보자 좀처럼 풀리지 않는 의문이 하나 생각났다.

"오래전 당신은 이 자리에서 내게 재능이 없다고 말했죠. 그런데 뭔가 이상한 점이 있어요. 아무리 당신이 세계 최고의 발레리노라도 어떻게 단 1분 만에 어린 소녀의 가능성 알아볼 수 있었죠?"

그는 예전처럼 무표정한 얼굴로 말했다.

"재능이 있는지 없는지 내가 어떻게 알겠소. 난 하느님도 아닌데."

순간 여인의 머릿속이 하애졌다. 한 소녀의 꿈을 포기시킨 장본인이 어떻게 그런 무책임한 대답을 할 수 있단 말인가. 여인이 그에게 온갖 비난을 쏟아냈다. 그러자 발레리노는 오히려 여인에게 호통을 쳤다.

"당신이 남의 말을 듣고 꿈을 포기했다면 당신은 애초에 성공할 자격이 없었던 겁니다!"

이야기를 읽던 로라는 화가 난 듯했다.

"이 발레리노는 정말 너무해요. 책임지지 못할 말을 해서 한 소녀의 꿈을 물거품으로 만들다니."

레이첼 선생님은 고개를 끄덕였다.

"맞아. 분명 그 발레리노가 잘못을 했지. 하지만 로라, 더 큰 잘못은 발레리노의 말에 자신의 꿈을 포기한 소녀에게 있지 않을까?"

로라는 레이첼 선생님을 쳐다봤다.

"이 세상 누구도 내 꿈을 포기하라고 말할 자격은 없단다. 정말 꿈을 소중하게 생각한다면 가정형편이 어려워도, 시험 성적이 나빠도, 남들이 안 될 거라고 무시해도 절대 흔들려서는 안 돼. 남들 말을 듣고 내 꿈을 포기하는 건 무척 억울한 일이잖니? 나는 할 수 있다는 확신을 가진 사람만이 성공할 수 있단다. 우리는 자신을 믿어야 해."

로라는 고개를 끄덕였다. 레이첼 선생님은 자신을 믿으라는 교훈을 세상에 알리기 위해 진심으로 노력하고 있었다. 순간 로라는 레이첼 선생님과 함께 일한다는 사실이 뿌듯했다.

"오늘은 여기까지 할까?"

레이첼 선생님의 말에 로라는 자료를 정리하며 일어섰다.

"아참, 얼마 전에 빅터를 봤어요. 혹시 기억하세요?"

"빅터 로저스 말이니?"

빅터의 이름이 나오자 레이첼 선생님은 다급하게 그의 안부를 물었다. 예상하지 못한 반응이었다.

"부탁이 있는데 빅터 연락처를 알 수 있을까?"

레이첼 선생님은 간절한 목소리로 물었다. 로라는 고개를 끄덕였다.

일주일 뒤, 로라는 빅터가 일하는 곳에 찾아갔다. 지난 번 만났을 때 정비소에서 일을 하고 있다고 했다.

"저, 빅터 로저스를 만나러 왔는데요."

차에서 내린 로라는 타이어를 손질하고 있는 젊은 남자에게 물었다. 남자는 로라를 유심히 훑어보더니 길 건너 트레일러를 향해 소리쳤다.

"어이, 바보 빅터! 여기 누가 찾아왔는데!"

잠시 후 트레일러 안에서 빅터가 얼굴을 내밀었다. 로라는 트레일러 쪽으로 걸어갔다.

"로, 로라, 여, 여긴 어떻게?"

빅터는 잠시 당황해 어쩔 줄 모르다 트레일러 앞에 놓인 의자로 로라를 안내했다. 의자 위에는 여러 잡동사니들이 어지럽게 널려 있었다. 빅터는 황급히 그것들을 챙겨 옆에 있던 박스 위에 올려놓았다. 박스 안에는 여러 권의 책들이 가득 담겨 있었다. 로라는 그 모습을 지켜보다가 가장 가까이에 있는 브리태니커 백과 사전을 한 권 꺼내 들었다. 책장을 넘겨 보니 각 장마다 밑줄이 그어져 있었다.

"너 설마 브리태니커 스물네 권을 다 읽은 건 아니겠지?"

"고, 고물상에서 어, 얻어온 거야. 21권은 모, 못 읽었어. 21권은 고물상에 어, 없었거든."

"이걸 왜 읽은 거야?"

"그냥 재미있어서."

빅터는 머리를 긁적였다. 로라는 박스 옆에 세워져 있는 간이 칠판으로 다가갔다. 모서리가 깨진 칠판에는 수학 공식들이 어지럽게 적혀 있었다.

"혹시 이것도 네가 푼 거야?"

"그, 그건 좀 사, 사정이 있어서."

"무슨 사정?"

"한 달쯤 전에 아, 아버지랑 트럭을 타, 타고 가다가 봤어."

"뭘 봤는데?"

"과, 광고판. 그 도로 옆에 있는 광고판에 아, 아무런 글자도 없이 이 무, 문제만 덜렁 이, 있었어."

"그래서 이 문제를 풀었다고?"

빅터는 고개를 끄덕이며 말을 이어갔다.

"무, 문제는 어렵지 않았어. 그런데 왜 이 무, 문제가 광고판에 적혀 있었을까? 아무리 새, 생각해 봐도 모르겠어. 호, 혹시 로라 넌 이유를 아니? 너, 넌 대학을 나왔잖아."

"글쎄, 컴퓨터에 물어봐야 하지 않을까? 요즘은 인터넷이라는 것도 있잖아."

로라는 고개를 갸우뚱거리며 떠오르는 대로 말했다. 그런데 로라의 말을 들은 빅터의 표정이 한순간에 환해졌다.

"그래. 이, 인터넷, 분명 인터넷 주소일 거야."

빅터는 칠판으로 달려가 손으로 정답을 가리켰다.

"이 숫자를 치, 치면 사이트로 이, 이동하게 될 거야."

로라는 어린 아이처럼 기뻐하는 빅터의 모습에 절로 웃음이 나왔다.

"빅터, 혹시 레이첼 선생님 기억하니?"

선생님의 이름이 나오자 빅터는 탄성을 질렀다.

"무, 물론이야. 스튜어트 선생님과 레이첼 선생님은 저, 정말 좋은 선생님이셨어."

레이첼 선생님이 만나보고 싶어 한다는 말을 로라가 전하자 빅터는 탄성을 질렀다.

"이게 선생님 전화번호야. 만날 생각이 있으면 연락 드려봐.

난 이만 가 볼게."

로라는 빅터에게 전화번호가 적힌 메모지를 전하고는 가방을 챙겨들며 말했다.

"저, 로, 로라, 부탁이 있는데, 우, 우리 집에는 커, 컴퓨터가 없어서."

빅터는 급히 칠판의 내용을 다른 메모지에 적어 로라에게 건넸다.

"그래 알았어. 네 말대로 숫자를 주소창에 넣어 볼게."

"또 마, 만날 수 이, 있을까?"

로라가 차 문을 열자 빅터가 물었다. 로라는 대답 대신 미소를 지어 보였다.

토요일 아침, 로라는 이른 시간부터 레이첼 선생님이 보내온 자료와 녹음 테이프를 들으며 원고를 쓰고 있었다.

그때 현관 벨이 울렸다.

"누구세요?"

"로라 던컨 씨 댁이 맞습니까?"

현관 밖에는 두 명의 남자가 서 있었다. 그들은 자신이 컴퓨터 회사인 애프리의 인사담당자라고 소개했다.

"아."

그제야 로라는 이 남자들이 왜 자기를 찾아왔는지 알 것 같았다. 로라는 사흘 전 빅터의 부탁으로 시청 컴퓨터를 이용해 인터넷 주소창에 빅터가 적어준 숫자를 입력했다. 그러자 이런 글귀가 떠올랐다.

애프리의 특별 채용 합격을 축하드립니다.
귀하의 이메일 주소와 전화번호를 남겨 주십시오.

로라는 누가 장난친 것이라고 생각했다. 그런데 맙소사, 장난이 아니었나 보다.
"환영합니다. 애프리에서 던컨 씨를 저희 회사의 신입사원으로 모시려고 합니다. 이메일 주소나 전화번호도 없고, 집 주소만 적혀 있어서 이렇게 불쑥 찾아올 수밖에 없었습니다."
한 남자가 꽃다발을 내밀며 말했다.
로라는 이들에게 문제를 푼 주인공이 자신이 아니라 빅터라고 이야기했다.
"아, 그랬군요. 그럼 혹시 지금 그 친구분을 뵐 수 있을까요?"
로라는 이들과 함께 빅터의 트레일러로 향했다.
"그런데 왜 도로에 그런 광고판을 세워놓으셨죠?"
차 안에서 로라는 애프리의 직원들에게 물었다.

"훌륭한 인재를 뽑기 위한 저희만의 특별한 방법이었죠."
남자는 서류 가방에서 광고판 사진을 꺼내 보여주며 말했다.
"이 도로에는 하루에도 수십만 대의 차가 지나갑니다. 그 사람들은 모두 우리 광고를 보죠. 그렇지만 '왜 광고판에 수학 문제가 적혀 있을까?'라고 생각하는 사람은 많지 않지요. 그런데 호기심이 많은 사람들은 그냥 넘어가지 않습니다. 이들이 바로

애프리가 원하는 창조적인 인재들입니다."

 이야기를 나누는 동안 차는 빅터의 트레일러 앞에 섰다. 의자에 앉아 뭔가 열심히 만들고 있던 빅터는 로라를 보고 벌떡 일어섰다. 로라는 아까 자신이 잘못 받았던 꽃다발을 빅터에게 건네며 말했다.

 "빅터, 광고판에 정말 비밀이 숨어 있었어."

"빅터, 근사한 청년이 됐구나. 얼마나 보고 싶었는지 모른단다."

레이첼 선생님은 빅터를 보자마자 꼭 끌어안으며 말했다.

로라는 빅터가 애프리에 입사하게 된 이야기를 선생님에게 늘어놓았다.

"빅터, 정말 대단하구나."

레이첼 선생님은 눈물까지 글썽이며 빅터의 두 손을 꼭 잡았다.

"그, 그렇지만 저는 자, 자격이 없어요. 저는 주, 중학교도 못 나온……."

"빅터, 애프리에서 일류대학 출신을 뽑을 생각이었다면 처음부터 그런 광고판을 만들지 않았을 거야. 애프리는 공부만 잘하는 사람보다 기발한 상상력을 가진 사람들을 찾고 있는 거란다."

로라와 빅터, 레이첼 선생님은 차를 마시며 한참 동안 못다 한 이야기를 나누었다.

"이 세상에 완벽하게 준비된 인간은 없어. 무슨 일이든 해 보지 않고는 알 수가 없단다. 그러니 두려워하지 말고 부딪쳐 보렴. 로라, 빅터, 너희들은 잘할 수 있어. 자신을 믿어보렴."

레이첼 선생님은 로라와 빅터를 보며 환하게 웃었다.

새로운 기회

　구름 한 점 없는 맑은 날이었다. 멋진 건물을 뒤로 보이는 하늘이 눈이 부실 정도로 파랬다. 건물 앞에는 애프리를 상징하는 금속 조각품이 반짝이고 있었다.

　"들어가시죠."

　인사담당자는 차에서 내린 채 우두커니 서 있는 빅터를 건물 안으로 안내했다. 그가 빅터를 데리고 간 곳은 회장실이었다.

　"바로 자네로군! 내 수수께끼를 푼 사람이!"

　테일러 회장이 빅터에게 악수를 청하며 말했다. 테일러 회장은 지금껏 빅터가 만나본 사람들 중 가장 자신감 넘치는 사람이었다.

　"애프리의 직원이 된 걸 환영하네."

"왜 저, 저 같은 사람을……."

테일러 회장은 빅터의 말뜻을 금세 알아차리고는 대답했다.

"중학교도 제대로 나오지 못했다며 고민했다지? 걱정할 거 없네. 그런 건 세상의 기준이지 내 기준은 아니니까."

빅터는 회장의 얼굴과 하얀 운동화를 번갈아 바라봤다.

"빅터 로저스."

테일러 회장은 빅터의 어깨 위에 손을 올렸다.

"자네는 여태껏 재능을 펼칠 기회가 없었을 뿐이야. 자네는 당당히 해낼 수 있어. 나는 알아."

그의 눈은 확신에 차 있었다. 빅터의 가슴속에서 커다란 소용돌이가 일어났다. 지금까지의 불안감은 마법처럼 사라지고, 반드시 이루어내겠다는 자신감이 가득 채워졌다.

"아이디어를 만드세요. 그것이 빅터 씨가 할 일입니다."

빅터가 정식으로 출근하는 날, 팀장은 빅터에게 해야 할 일에 대해 설명했다.

"아, 아이디어를 만든 다음에는 어떻게 하죠?"

"기획서를 써서 제출하세요."

"기, 기획서는 어떻게 쓰는 건가요?"

빅터의 계속되는 질문에 팀장은 짜증스러운 듯 대답했다.

"잘 알아볼 수 있도록 쉽게 쓰면 됩니다. 바보도 알아볼 만큼요!"

다음 날부터 빅터는 두툼한 스프링 노트에 머릿속에서 떠오르는 것들을 종이에 그려 넣었다. 이런 일은 정비소에서 허드렛일을 할 때도 늘 했던 터였다.

며칠 후, 빅터는 팀장에게 노트를 내밀었다.

"이게 뭡니까?"

"기, 기획서입니다."

팀장은 곰돌이 푸가 그려진 노트를 한참 내려다보았다. 그리고 천천히 노트의 첫 장을 넘겼다. 노트에는 빽빽한 글씨 대신 삐뚤삐뚤한 그림이 그려져 있었다.

"바, 바보도 알아볼 수 있게 그, 그림으로 그렸습니다."

못마땅한 표정으로 대충대충 노트를 넘겨보던 팀장은 탁 소리 나게 노트를 덮으며 큰 소리로 말했다.

"이거 원, 애들 장난도 아니고. 여기가 당신의 놀이터인 줄 아세요?"

팀장의 목소리가 사무실에 쩌렁쩌렁 울렸다. 빅터는 절로 어깨가 움츠러들었다. 그때였다.

"복도에서 들으니 시끄럽던데 무슨 일인가?"

테일러 회장이었다.

"빅터 씨가 기획서를 가지고 왔습니다. 회장님께서도 보셔야 할 것 같습니다."

팀장은 굳은 얼굴로 스프링 노트를 회장에게 내밀었다. 테일러 회장은 잔뜩 기대하는 표정으로 노트를 펼쳐 보았다.

빅터의 기획서를 살펴보던 회장이 웃음을 터트렸다.

"크크크."

한참을 웃으며 노트를 넘기던 테일러 회장이 노트 중간쯤에 이르러서 갑자기 웃음을 멈추었다. 그러고는 심각한 표정으로 한 장의 그림을 뚫어져라 쳐다보았다.

"이게 뭐지?"

"스, 스케치북 커, 컴퓨터입니다."

"좀 더 자세히 설명해 보겠나?"

"스케치북에 그림을 그리듯이 화면 위에 직접 마, 마우스 펜이나 손가락으로 입력하는 컴퓨터입니다. 키, 키보드가 없어도 되서 노트북보다 가볍게 들고 다닐 수 있고, 치, 침대에 누워서 사용할 수도 있습니다."

"음, 재미있겠는걸. 본격적으로 이야기해 볼까?"

테일러 회장은 빅터의 어깨에 손을 올렸다. 그리고 둘도 없는 친구처럼 다정하게 사무실을 빠져나갔다. 팀장과 직원들은 어리둥절한 표정으로 두 사람의 뒷모습을 지켜보았다.

그 날, 빅터는 테일러 회장의 집에서 저녁식사를 함께 했다.

"누가 뭐래도 자네의 아이디어는 훌륭하네. 그러니 자네의 생각을 확실히 믿고 다른 사람들에게 주장하도록 하게."

식사 내내 테일러 회장은 빅터에게 이 말을 해주었다. 그리고 그 날 이후 빅터의 노트에 그려진 그림은 애프리에서 가장 중요한 신제품 기획서가 되었다.

시간이 흐르면서 빅터의 노트는 점점 더 늘어났다. 그리고 빅터의 아이디어에 관심을 갖는 직원들도 점점 많아졌다. 사람들과 어울려 생활하고 대화하는 일도 많아지면서 말을 더듬는 버릇도 점차 나아졌다.

빅터는 애프리에서의 생활이 좋았다. 여기에서는 이유 없이 괴롭힘을 당하거나 놀림을 받지 않았다. 무엇보다 누군가에게서 인정을 받는 것이 좋았다. 그럴 때면 빅터는 무엇이든 이뤄낼 수 있을 것 같은 용기가 생겼다.

직원들과 커피 내기 게임에서 진 빅터가 회사 내에 있는 커피 전문점으로 향했다. 그런데 그때였다.

"바보 빅터!"

어디선가 들려온 목소리에 빅터의 온몸이 뻣뻣하게 굳었다.

"바보 빅터 맞지?"

검은 양복을 입고 다가온 남자는 더프였다.

"더, 더프? 여, 여긴 어떻게?"

"나? 이번에 신입사원이 됐지."

더프는 어깨를 으쓱하며 손에 들고 있던 무전기를 뒤로 감췄다.

"지금은 보안요원이지만 곧 기획팀으로 갈 거야. 그런데 넌 왜 여기 있는 거야? 피자 배달이라도 온 거야? 오늘은 동창이라 용서하지만 앞으로는 내 허락을 받아야 출입할 수 있어. 알았지?"

더프는 무전기의 안테나로 빅터의 배를 쿡 찔렀다. 그러다 뭔가 딱딱한 게 걸리자 빅터의 목에 걸린 직원 카드를 잡아 당겼다.

"바보 빅터, 네가 어떻게?"

더프는 도저히 믿지 못하겠다는 듯 눈을 비비며 유심히 직원 카드를 살펴보았다.

"나, 난 할 일이 있어서 그만."

빅터는 도망치듯 그곳을 빠져나왔다. 더프를 다시 마주치다니 그것도 하필 회사에서, 빅터는 이 상황이 꿈이길 바랐다.

한동안 더프는 빅터에 대한 소문을 회사에 퍼뜨리고 다녔고,

많은 사람들이 빅터에 대해 수군거렸다. 그 때문에 빅터는 또다시 로널드 선생님과 더프가 등장하는 악몽에 시달려야 했다. 끔찍한 나날이었다.

"바보 빅터, 어디 가냐?"

복도를 걸어가는데 더프의 목소리가 들려왔다.

"그동안 내가 너에 대해 조사를 좀 했지. 기분 나쁘게 생각하진 마. 보안요원으로서의 의무니까."

"소, 소문을 퍼뜨리는 것도 보안요원들이 하는 짓이니?"

참고 참아왔던 빅터가 더프를 날카롭게 쏘아보며 말했다. 더프는 할 말이 없는 듯 헛기침을 했다.

"그건 나는 모르는 일이야. 하여튼 너 말이야, 이상한 점이 한두 가지가 아니야. 네 아이디어를 테일러 회장이 좋아했다는 것도 그렇고, 네가 여기에서 일하는 것도 그렇고. 그런데 가장 이상한 건 광고판이야. 대체 누가 문제를 풀어준 거냐? 네 주변에는 너와 똑같은 멍청이들 뿐이잖아."

순간 빅터가 더프를 힘껏 밀쳤다. 더프는 커다란 몸집에도 불구하고 무척 쉽게 복도에 나뒹굴었다. 빅터는 더프에게 다가가 멱살을 잡았다.

"그, 그만."

더프는 벌벌 떨며 빅터의 두 손을 움켜쥐었다. 빅터가 손을 내리자 더프는 콧잔등의 땀을 쓰윽 닦으며 이를 꽉 물었다.

"어떻게 이럴 수가 있지? 어떻게."

더프는 울먹이듯 떨리는 목소리로 말했다.

"그래 난 사실 신입사원이 아니야. 그냥 별 볼일 없는 경비라고. 그런데 바보 주제에 애프리의 정식 사원이라니. 이건 말도 안 돼. 게다가 테일러 회장의 관심을 받고. 도대체 어떻게 된 거야? 나한테 좀 알려줘. 수학 문제는 대체 누가 풀어준 거야?"

더프는 애원하는 표정을 지으며 물었다. 빅터는 굳은 표정으로 더프를 쳐다봤다.

"너한테는 가르쳐주지 않아."

빅터는 더프를 뒤로한 채 회사 건물을 빠져나왔다.

자명종이 울렸다. 부스스한 모습으로 눈을 뜬 서른 살의 로라는 자명종을 내버려둔 채 힘없이 고개를 돌렸다.

'정말 한심하다.'

7년 전 로라는 하던 일을 그만두고 글을 쓰는 일에만 매달렸다. 그렇지만 레이첼 선생님과 열심히 준비한 원고를 받아주는 출판사는 한 곳도 없었다. 그 후 로라는 글을 쓰겠다는 생각을 접었다. 글을 쓰려다가도 '내가 무슨 작가가 될 수 있겠어? 내 글을 받아주는 출판사는 한 곳도 없을 거야'라는 생각만 떠오르면 단 한 줄도 제대로 쓸 수 없었다.

로라는 분주히 집을 나섰다. 글을 쓰지 않기로 결심한 후, 로라는 생활비를 벌기 위해 레스토랑에서 일을 했다. 오늘은 특별한 강연회가 있기 때문에 평소보다 일찍 출근해 레스토랑 안을 정리해야 했다.

레스토랑에는 40개가 넘는 원형 테이블이 놓여 있었다. 로라는 입구에서부터 테이블보를 깔았다. 그런데 그때 노랫소리가 들려 왔다. 강단 앞 테이블에서 60대의 노인이 노트에 무언가를 적고 있었다.

"좀 비켜주시겠어요. 할아버지."

로라는 다가가서 날카로운 목소리로 말했다. 노인은 안경을 올리더니 로라의 가슴에 붙은 이름표를 확인했다.

"로라 던컨, 415-677-9629"

로라는 깜짝 놀라 테이블보를 깔던 손길을 멈췄다.

"어떻게 제 전화번호를 아셨어요?"

"간단해요. 전화번호부를 외우면 되니까."

"네?"

로라가 깜짝 놀라 멍하니 서 있는 동안 노인은 강연 팸플릿을 건네주었다. 노인은 오늘 강연을 할 주인공인 잭 맥클레인, '암기왕 잭'이었다. IQ 168의 그는 일곱살 때 텔레비전에 출연한 뒤로 '암기왕 잭'이라는 별명을 얻게 된 유명인사였다.

"몰라 봬서 죄송해요."

노인은 괜찮다는 듯 고개를 끄덕였다.

"그런데, 어떻게 그 두꺼운 분량의 전화번호부를 전부 외울 수 있죠?"

로라의 질문에 잭은 어깨를 으쓱하더니 말했다.

"전화번호부를 외우는 건 특별한 사람들만이 하는 것이 아니에요. 인쇄술이 발전하지 않았던 오래전에는 종교 경전의 내용을 통째로 외우는 사람들이 많았지요. 지금의 사람들은 자신의 기억력을 모두 발휘하지 못할 뿐입니다. 아마 자신이 가지고 있는 능력의 10%도 사용하지 못할 거예요. 사용하지 않는 능력을 사용하면 누구나 뛰어난 사람이 될 수 있답니다. 그러기 위해서는 무엇보다 '마음 먹으면 무엇이든 할 수 있다'는 자신감을 가져야 하지요. 로라 씨도 그렇게 할 수 있습니다."

로라는 미소를 지으며 손사래를 쳤다.

"저는 IQ도 별로 높지 않아요."

"IQ는 숫자에 불과합니다. IQ 테스트에 수를 다루는 능력과 공간 능력이 들어 있지만, 가장 중요한 자기를 믿는 능력은 담겨 있지 않거든요."

로라는 잭의 말에 동의할 수 없었다. 사람은 누구나 각자의 능력을 가지고 태어나고, 레스토랑 종업원 정도가 자신에게 주어진 능력이라고 생각했다.

"좋은 말씀 고맙습니다. 이제 저는 하던 일을 계속해야겠네요. 샌프란시스코에서 가장 머리가 좋은 분을 만나게 되어 영광이었어요."

"이제 나는 샌프란시스코에서 가장 IQ가 높은 사람이 아닙니다. 여기에서 30분 정도 떨어진 메를린 학교에서 그 기록이 깨졌지요."

"메를린 학교라면 제가 졸업한 학교인데요."

"아, 그러세요? 그의 이름은……."

잭의 말이 끝나자 눈앞이 어질어질해진 로라는 힘없이 몸을 휘청이며 의자에 털썩 주저앉았다.

천재가 된 바보

메를린 학교는 예전과 변함이 없었다. 붉은 벽돌담에는 담쟁이덩굴이 작은 꽃을 피웠고, 교실 창가에는 부드러운 햇살이 아른거렸다.

"그 사람 말이 정말일까?"

빅터는 길게 한숨을 내쉬며 로라를 쳐다보았다.

"거짓말은 아닌 것 같았어. 안심해."

로라는 빅터를 향해 미소를 지었다. 그때였다.

"빅터, 로라, 어서 오렴."

레이첼 선생님이 현관 앞에서 두 사람에게 손짓을 하고 있었다. 오늘 빅터와 로라는 레이첼 선생님의 도움으로 오래전 빅터가 받았던 IQ 테스트 자료를 확인하기로 했다.

자료실로 들어서자 담당 직원이 기다렸다는 듯 자리에서 일어섰다.

"레이첼 선생님이신가요?"

"네, 전화로 부탁드렸던…….."

"시간이 많이 지난 자료라 찾을 수 있을지 모르겠습니다만, 일단 저를 따라 오시죠."

레이첼 선생님과 로라, 빅터는 담당 직원의 뒤를 따라 졸업생 자료실로 들어갔다. 낡은 종이 냄새가 훅 풍겨왔다. 담당 직원이 자료를 찾는 동안 빅터는 몇 번이나 심호흡을 했다. 레이첼 선생님은 빅터의 등을 두드리며 미소를 지었다.

"여기 있네요. 빅터 로저스."

교직원이 누렇게 변한 종이 한 장을 내밀었다. 빅터의 IQ 테스트 결과지였다.

"이럴 수가, 어떻게 이런 일이 있을 수 있니. 빅터, 넌 천재였어. IQ 173의 천재."

서류를 받아본 레이첼 선생님이 놀란 목소리로 외쳤다. 선생님은 빅터에게 서류를 건넸다. 서류에는 또렷이 IQ 173이라고 적혀 있었다. 빅터는 온몸에 기운이 빠져 자리에 주저앉고 말았다.

"세상에, 로널드 선생님이 숫자를 착각했었나봐."

로라가 믿을 수 없다는 듯 중얼거렸다.

"그게 아닐 거야. 빅터가 머리가 나쁘다는 것을 강하게 믿었던 거지. 그러니 그 사람의 눈에는 173이 73으로 보였을 거야. 분명히."

말을 끝낸 레이첼 선생님은 한숨을 내쉬었다.

레이첼 선생님과 헤어진 후 로라와 빅터는 언덕 위 교회로 향했다. 그리고 나란히 그네에 앉았다.

"난 정말 바보였나 봐."

빅터는 멍하니 허공을 바라보며 말했다.

"아니야. 너는 IQ가 173이나 되는……."

로라가 급히 말했지만, 빅터는 고개를 저었다.

"아니야. 난 지금까지 73이라는 숫자 때문에 정말로 내가 바보인 줄 알았어. 남들이 아무리 날 무시하고 놀려도 나를 믿고 사랑했어야 했어. 하지만 나는 그러지 못했어. 날 믿지 못했고, 내 스스로를 바보라고 무시했어."

빅터의 눈에서 흘러내린 눈물이 빗물처럼 땅에 떨어졌다. 두 손으로 얼굴을 감싼 채 한참을 울던 빅터는 고개를 들어 하늘을 바라보았다. 구름 한 점 없는 파란 하늘이 눈에 들어오는 순간 마음이 후련해지더니 머릿속을 짓누르던 무언가가 사라지는 것 같았다. 빅터는 길게 심호흡을 했다. 마음속 깊은 곳에서 뭉게구름처럼 생각들이 피어올랐다.

'나는 지금까지 바보로 살았던 내 인생을 바로잡겠어. 내 생각을 가장 존중하고, 누구보다 나 자신을 사랑하는 마음으로 가장 좋아하는 일을 하겠어. 더 이상 미래를 두려워하지 않겠어.'

빅터는 그네에서 벌떡 일어났다.

"괜찮아?"

로라가 걱정스러운 얼굴로 빅터에게 물었다.

"그럼. 괜찮고말고. 난 이제 바보가 아니잖아."

빅터가 로라를 향해 씽긋 웃었다. 로라도 그제야 마음이 놓이는지 빅터를 향해 미소 지었다.

"안녕하세요? 좋은 아침입니다."

이른 아침, 사무실로 들어서며 빅터가 직원들에게 큰 목소리로 인사를 건넸다. 직원들이 의아한 얼굴로 빅터를 쳐다보았다.

"하하하, 아침부터 뭘 그렇게 쳐다보세요? 제가 그렇게 잘생겼나요?"

직원들은 계속해서 놀란 눈빛으로 빅터를 바라보있다. 빅터는 어깨를 한 번 으쓱하고는 책상에 앉아 노트를 펼쳤다. 빅터의 입에서는 콧노래가 계속 흘러나왔다.

빅터는 더 이상 예전의 빅터가 아니었다. 활기 차고, 자신감 넘치고, 무엇이든 동료들과 함께 하려 했다. 어깨를 움츠리고 사람들의 눈길을 피하던 빅터는 이제 어디에도 없었다.

"요즘 빅터가 달라졌어."

"훨씬 보기에 좋아졌어. 일도 잘하고."

직원들은 전과 달라진 빅터의 모습에 칭찬을 아끼지 않았다.

일할 때도 빅터는 의욕이 넘쳤다. 아이디어가 떠오를 때마다 그림으로, 혹은 글로 기록을 남겼고, 일 년도 되지 않아 빅터의 책꽂이에는 서른 권이 넘는 노트가 꽂혔다.

빅터의 노트는 애프리의 중요한 보물이었다. 그 안에는 제품에 대한 아이디어뿐 아니라 회사의 운영과 관리에 대한 각종 정보, 책이나 인터넷에서 찾아낸 좋은 문구들이 가득했다. 테일러 회장은 정기적으로 빅터와 만남을 가지며 회사 운영에 대한 의견을 나누었다. 빅터의 노트가 늘어나면서 회사는 점점 알찬 회사로 커 나갔고, 빅터도 더 큰 책임을 지는 높은 직책으로 올라갔다.

그러던 어느 날이었다.

"빅터, 혹시 멘사협회라고 들어봤어?"

로라의 전화였다. 빅터의 일로 함께 깨달음을 얻었던 로라 역시 오랜 노력 끝에 두어 달 전 자신의 이름으로 첫 동화책을 출판하고, 지금은 잠시 여행 중이었다.

"멘사? 그게 뭔데?"

빅터는 한 쪽 어깨에 수화기를 받쳐놓고 서류를 뒤적이며 심드렁하게 말했다. 로라는 국제멘사협회에 대해 설명을 늘어놓았다.

"멘사협회는 상위 2%의 IQ를 가진 사람들이 모여 있는 단체야. 그곳에서는 회원들이 자신의 능력에 맞는 여러 가지 활동을 할 수 있도록 돕고 있다고 해."

"하하, 로라, 난 지금의 생활에 충분히 만족해. 그리고 IQ는 대단한 게 아니잖아. 숫자에 불과한걸. 지금껏 바보로도 살았는데, 뭐."

"그래, 알고 있어. 그런데 말이야, 그곳엔 천재지만 인정을 받지 못했던 사람, 괴짜여서 미움을 받았던 사람, 이런 사람들이 모여서 다른 사람들이 이해하지 못하는 자신들의 이야기를 나누며 서로에게 도움을 주고 있대. 오늘 신문에서 이 기사를 읽고 바로 너에게 전화한 거야. 어쩌면 너와 비슷한 일을 겪은 사람도 있지 않겠니?"

"글쎄, 나와 비슷한 일을 겪은 사람이…… 과연 있을까?"

"하긴 너처럼 살아 온 사람을 또 찾기는 어렵겠지. 그렇지만 혹시라도 거기에서 좋은 사람들을 만날 수 있지 않을까 해서."

로라는 말끝을 흐렸다.

빅터는 빙긋이 웃었다.

"고마워, 로라. 멘사협회에 대해 알아볼게."

빅터는 전화를 끊자마자 곧바로 인터넷 검색창에 국제멘사협회를 입력했다. 그리고 홈페이지를 꼼꼼히 살펴보았다. 천재들이 모여 있는 곳이라…… 왠지 흥미로웠다.

얼마나 시간이 흘렀을까? 크리스마스를 앞둔 힐튼호텔은 안팎으로 분주했다. 대형 트리 장식 아래에서는 시민들을 위한 야외 음악회가 열렸고, 입구에서는 안내원들이 부지런히 오가며 방문객들을 맞았다. 3층 연회장에는 특별한 손님들이 모여 있었다. 국제멘사협회 회원들로, 새로운 회장의 취임식을 위해 각지에서 찾아온 것이다.

분위기를 북돋우던 캐럴 합창이 끝나자 사회자가 마이크를 잡았다.

"국제멘사협회의 새 회장님을 소개할 수 있는 기회를 주셔서 영광입니다. 먼저 신임 회장님의 약력을 말씀드리자면, 이 분은 수많은 인기 상품을 개발한 발명가이자, 전문적으로 기업의 운영과 관리에 대해 조언을 해주는 상담가이고, 애프리의 이사이

자, 변화를 선도하는 강연가이며, 프로그램 기획자인……, 이런, 이렇게 바쁜 사람이 있군요."

사회자의 말에 곳곳에서 웃음이 터졌다.

"그럼 오늘의 주인공을 소개하겠습니다. 빅터 로저스 회장님입니다!"

박수가 울려 퍼졌다. 빅터는 크게 심호흡을 한 뒤 단상으로 올라갔다. 쏟아지는 박수 속에서 회원들에게 여러 번 인사를 한 뒤, 손을 뻗어 한쪽 테이블을 가리켰다. 그 테이블에는 중년의 남자와 여자가 나란히 앉아 있었다.

"그동안 많은 분들의 도움을 받았습니다. 저기 계시는 저 멋진 신사분은 MIT대학교 생물학과 교수이신 스튜어트 교수님이시고, 아름다운 여성분은 출판계에서 존경받는 레이첼 대표님이십니다. 저 두 분은 저에게 아빠이자 엄마와 같은 분이시고, 제 자신을 포기할 때조차 저를 포기하지 않은 분들이셨습니다. 이 자리를 빌려 꼭 말씀드리고 싶었습니다. 선생님, 당신들과의 만남은 제 인생 최고의 행운이었습니다."

사람들이 두 선생님을 향해 우레와 같은 박수를 보냈다. 사람들에게 가볍게 목례를 하던 레이첼 선생님의 눈가에는 눈물이 촉촉이 맺혔다.

"그리고 또 한 분, 감사 인사를 꼭 전해야 할 분이 있습니다.

바로 제 아버지입니다. 제가 작은 잘못을 저지르면 엄하게 다스리셨지만, 세상 모든 사람들에게서 무시당하고 외면 받을 때는 가장 넓고 따듯한 품으로 절 안아주셨던 아버지께 오늘의 영광을 드리고 싶습니다. 아마 지금쯤 하늘나라에서 환히 웃으며 절 내려다보고 계시겠지요."

빅터는 잠깐 동안 말을 잇지 못했다. 사람들은 조용히 빅터를 기다려 주었다. 빅터는 헛기침을 한 번 하더니 다시 이야기를 시작했다.

"요즘 젊은 회원들로부터 성공에 대한 조언을 해달라는 부탁을 많이 받습니다. 순간 이 호텔의 창립자인 콘래드 힐튼이 생각나더군요. 그는 어른이 될 때까지 글을 읽지 못했습니다. 그는 원래 은행 경비원이 되려고 했는데, 글을 읽지 못하는 바람에 퇴짜를 맞고 호텔 벨보이가 되었다고 합니다. 훗날 그는 자신이 글을 쓰지 못했기 때문에 힐튼 호텔을 세울 수 있었다고 말했지요. 물론 성공 비결은 따로 있었습니다. '벨보이 시절에 나보다 일을 잘하는 사람들도 많았고, 나보다 경영 능력이 뛰어난 사람들도 많았나. 하지만 자신이 호텔을 경영하게 되리라 믿은 사람은 나뿐이었다.' 이것이 바로 그의 성공 비결이었습니다. 그는 한 강연에서 쇠막대기를 들고 '이 쇠를 두들겨 말굽으로 만들면 10달러 50센트의 가치가 된다. 이것으로 못을 만들면 3,250

달러의 가치가 된다. 그리고 이것을 시계의 부속품으로 만들면 250만 달러의 가치가 된다'라고 말했지요."

빅터는 잠시 사람들을 둘러본 뒤 말을 이었다.

"우리는 콘래드 힐튼의 쇠막대기처럼 많은 가능성을 가지고 있습니다. 몇몇 사람들은 제가 IQ가 높기 때문에 성공했다고 말합니다. 하지만 여러분도 아시다시피 저는 17년 동안 바보로 살았습니다. 그동안 저는 제 아이큐가 동물 아이큐와 비슷한 73이라고 알고 있었지요. 그렇지만 이것은 서류를 제대로 보지 못한 선생님의 착각 때문에 빚어진 오해였습니다. 제 IQ는 샌프란시스코에서 가장 높은 173이었습니다. 그렇지만 17년 동안 이 IQ는 저에게 아무런 도움이 되지 못했지요. 아무리 뛰어난 재능을 가진 사람이라도 자신의 능력을 믿지 못하면 재능을 펼치지 못합니다. 자신이 말굽밖에 될 수 없다고 생각하면 말굽밖에 되지 못하고, 바보라고 생각하면 진짜 바보가 되는 것입니다. 우리는 숫자로 평가할 수 없는 능력을 가지고 있습니다. 해보지도 않고 절대 자신의 능력을 미리 판단하지 마십시오. 자신을 믿으십시오. 스스로를 위대한 존재라고 생각하십시오. 그러면 행동도 위대하게 변할 것입니다. 여러분의 일이 힘들게 느껴지거나 그만두고 싶다고 느껴질 때, 17년 동안 바보로 살았던 빅터 로저스의 인생을 기억해주시기 바랍니다. 세상에서 가장 멍청했던 남자의 이야기를 들어주셔서 감사합니다."

환호성과 박수가 터져 나왔다. 사람들은 하나둘 일어나 기립 박수를 쳤다. 로라는 빅터를 바라보며 흐뭇하게 웃었다.

"사람들은 모를 거예요. 저런 웅변가가 한때 지독한 말더듬이였다는 사실을요."

스튜어트 선생님이 레이첼 선생님을 향해 말했다. 레이첼 선생님은 고개를 끄덕였다. 그러고는 로라 쪽으로 고개를 돌리며 말했다.

"그리고 인기 동화작가 로라 던컨이 한때 꿈도 희망도 없는 레스토랑 종업원이었다는 사실도 모를 테지."

스튜어트 선생님은 로라와 레이첼 선생님을 번갈아 쳐다보며 말했다.

"자신을 믿으라는 말씀이 옳았던 겁니다. 빅터도 로라도, 모두 자신을 믿었기 때문에 스스로의 자리에서 한 걸음 더 나갈 수 있었던 거지요. 선생님이야말로 정말 훌륭하십니다."

"빅터의 가능성을 저보다 훨씬 일찍 알아채셨던 교수님이야말로 정말 훌륭하신 선생님이시지요."

레이첼 선생님도 스튜어트 선생님을 향해 미소를 지어 보였다.

빅터가 강단에서 내려오자 로라는 준비한 꽃다발을 들고 빅터에게로 다가갔다.

"세월 참 빠르죠. 저 아이들이 벌써 중년의 나이가 되었으니 말이에요. 이제는 저 아이들이 우리의 가르침을 세상에 전하겠지요?"

레이첼 선생님이 빅터와 로라를 바라보며 흐뭇한 표정으로 말했다.

"이미 두 사람은 그걸 실천하고 있는 것 같습니다. 빅터는 강연을 통해서, 로라는 동화를 통해서 위대한 메시지를 전하고 있으니까요."

스튜어트 선생님은 푸근한 미소를 지었다.

싸늘한 겨울밤이라서인지 도로에는 자동차의 흔적이 드물었다.

"어머, 눈이네. 빅터, 운전은 자신 있는 거야?"

빅터는 대답 대신 어깨를 으쓱해 보였다.

'최고의 정비사이자 운전사인 마르코 형한테 배운 실력인걸. 그때 아버지는 아마도 세상으로 나가는 길을 만들어주고 싶으셨나봐. 제 앞가림도 못하는 내게 운전을 가르치려고 하셨던 것을 보면.'

빅터의 코끝이 찡해졌다.

차가 언덕 위 교회에 도착했다.

"왜 여기에 차를 세우는 거야?"

로라가 물었다.

"궁금한 게 있어서."

언덕 위 교회는 변함이 없었다. 여전히 앞마당에는 두 개의 그네가 사이좋게 나란히 놓여 있었다.

"로라, 그때 무슨 기도를 했니?"

빅터의 질문에 로라는 물끄러미 그를 바라보았다.

"그때라니? 설마 열다섯 살 때를 말하는 건 아니겠지?"

로라는 환하게 웃으며 말했지만 빅터는 웃지 않았다. 이내 로라도 웃음을 거두고 어린 시절 무릎을 꿇고 기도했던 자리를 한동안 바라보았다.

"아름답게 만들어달라고 기도했어. 그때 나는 내가 아무것도 하지 못하는 이유가 못난 외모 때문이라고 생각했거든."

로라의 말을 들은 빅터가 눈을 동그랗게 뜨고 로라를 바라보았다.

"정말이야? 너한테 그런 고민이 있었다는 게 믿어지지 않아."

로라가 어깨를 으쓱거리며 말했다.

"그래. 정말 심각했다니까. 내가 남들 앞에서 고개를 잘 못 드는 것도, 제대로 할 줄 아는 게 아무것도 없는 것도 모두 외모 탓인 줄 알았어. 난 어릴 때부터 우리집에서 '못난이'로 불렸거든. 네가 '바보'로 불렸던 것처럼. 그런데 부모님께서 그렇게 불렀던 이유가 있다는 것을 얼마 전에야 알았어."

"그 이유가 뭐야?"

"다섯 살쯤 내가 백화점에서 유괴를 당했었대. 부모님은 내가 무척 예뻐서 유괴를 당했다고 생각하고는 그 후로 나를 못난이라고 부르고, 예쁜 옷도 입히지 않으셨다지 뭐야. 그게 나의 못난이 인생의 시작이었어. 게다가 무뚝뚝한 성격의 아빠는 나에게 한 번도 따뜻하게 말해준 적이 없었거든. 늘 나의 못난 점만 이야기하고, 잘못을 지적했지. 사실은 내가 더 나은 사람이 되기를 바라셨던 건데, 아빠를 꼭 닮아 무뚝뚝한 나는 그런 아빠의 마음을 알아차리지 못했어. 내가 동화 작가가 된 걸 가장 기뻐하셨던 분도 아빠셨다고 엄마께서 말씀하시더라."

빅터는 안쓰러운 눈빛으로 로라를 바라보았다.

"우리는 둘 다 엉뚱한 기준 때문에 힘겨운 시간을 보냈다는 공통점이 있구나."

로라가 고개를 끄덕였다. 그리고 그때 문득 생각난 것이 있다는 듯 물었다

"빅터, 사실 나도 오래전부터 궁금했던 게 있어. 그때 네가 했던 말, 진심이었니?"

빅터는 아무 말 없이 웃기만 했다.

"그때 네가 했던 그 말은 지금까지 살아오면서 내게 큰 힘이 되었어. 아름답다는 말을 너에게서 처음 들었거든."

로라의 말이 끝나자 하늘에서 눈이 날리기 시작했다. 빅터는 로라의 손을 꼭 잡았다. 로라의 뺨이 빨갛게 물들어 있었다.

교회 안에서 성가대의 합창이 새어 나왔다. 두 사람은 오래도록 손을 마주잡고 있었다. 수정 구슬처럼 반짝이는 눈송이들을 올려다보면서.

잃어버린 시간을 찾아서

"빅터, 잘 지냈니?"

"로라, 요즘 너무 유명해진 것 아니야? 만나기가 너무 힘들어."

애프리의 이사로, 동화 작가로 바쁘게 지내던 빅터와 로라가 오랜만에 만난 곳은 메를린 학교 앞이었다.

"왜 여기에서 만나자고 했어?"

로라가 호기심 가득한 눈으로 빅터에게 물었다.

"와 보고 싶었어."

"지난번에 왔었잖아."

"그땐 IQ 테스트 결과지 확인하기에 바빠서 학교를 둘러 보지도 못했잖아. 확인하고 나서는 모두 놀라서 여유가 없었고……."

로라가 고개를 끄덕였다.

로라와 빅터는 아주 천천히 운동장을 돌아보았다. 운동 기구들과 벤치, 테이블은 새로운 것으로 바뀌어 있었고, 나무들은 모두 둥치가 굵어지고 키도 훌쩍 커져 있었다.

그렇지만 변함이 없는 것도 있었다. 빅터가 늘 창밖으로 바라보던 저 멀리 산등성이의 풍경, 로라가 혼자서 생각할 것이 있을 때마다 찾았던 학교 뒤편 잔디밭이 바로 그곳이었다.

로라는 건물 앞에서 숨을 한 번 깊게 들이쉬며 말했다.

"흐음, 학교 냄새도 그대로인데?"

"맞아. 정말 그대로네."

빅터는 미소를 지으며 건물 안으로 들어섰다. 빅터가 좋아했던 과학실 안에서는 아이들이 실험을 하느라 눈을 빛내고 있었다. 로라가 좋아했던 도서관에서는 금발 머리의 여학생이 책을 정리하고 있었다.

로라와 빅터가 조용한 걸음으로 복도를 한창 걸어가고 있을 때였다.

"대니! 이렇게 해 놓으면 어쩌자는 거냐?"

저 앞쪽의 교실에서 귀에 익은 목소리가 들려왔다. 빅디와 로라는 소리가 들리는 교실로 다가가 창문 안을 들여다보았다. 어릴 적 까치발을 들고서야 겨우 내다보이던 복도 창문이 이젠 빅터의 가슴께에 닿아 있었다.

"로널드 선생님……."

빅터의 입에서 작은 소리로 선생님의 이름이 흘러나왔다. 하얀 머리카락과 주름진 얼굴, 모습은 많이 늙어 있었지만 쩌렁쩌렁한 목소리만큼은 예전과 똑같았다.

교실 안의 아이들은 모두 선생님을 쳐다보고 있었다. 대니라는 아이는 고개를 숙인 채 서 있었고, 책상에는 구겨진 종이 여러 장이 놓여 있었다. 아마 아이는 그것 때문에 선생님께 꾸중을 듣고 있는 듯 보였다.

"대니, 마음이 급하더라도 천천히 해 봐야지."

"저, 저는 뭐, 뭐든지 너무 느려서 빠, 빨리 해 보려고……."

아이는 잔뜩 주눅이 든 채 입을 오물거리며 겨우 말을 하고 있었다. 그 모습을 바라보던 빅터의 입에서 조용히 한숨이 새어 나왔다.

'너도 나와 같구나.'

빅터는 그 자리에 가만히 서서 계속해서 교실을 들여다보았다. 로라도 숨을 죽이고 서 있었다.

"대니, 천천히 해도 괜찮아. 넌 빨리 문제를 풀지는 못하지만, 천천히 하면 뭐든 잘 할 수 있잖아?"

로널드 선생님은 대니라는 아이의 어깨에 손을 얹으며 말했다. 로라가 휘둥그레진 눈으로 빅터를 쳐다보았다. 그렇지만 빅터는 묵묵히 교실 안을 들여다 볼 뿐이었다.

그 때, 빅터와 가까운 쪽에 앉아 있던 아이가 투덜거리며 말했다.

"쳇, 느림보 바보 대니가 잘 하는 게 대체 뭐람?"

자리로 돌아가던 로널드 선생님이 뒤를 돌아보았다.

"지금 느림보 바보라고 했던 사람, 누구야?"

말을 했던 아이도, 다른 아이들도 모두 대답을 하지 않았다.

"아무도 그런 말을 하지 않았다는 거냐?"

여전히 아이들은 대답이 없었다. 선생님은 아이들을 한 번 둘러보더니 말을 이어갔다.

"아주 오래 전에 바보라 불리던 학생이 있었다. 말도 더듬거리고, 문제도 잘 해결하지 못하고, 심지어 IQ도 73이었지."

"푸핫!"

아이들 사이에서 웃음이 터져 나왔다. 예상치 못한 자신의 이야기에 빅터는 깜짝 놀라 로라를 쳐다보았다. 로라 역시 놀란 눈으로 빅터를 바라보았다.

"그 학생이 지금 어떤 어른이 되어 있는지 궁금하지 않니?"

"어떤 사람이 되었어요?"

아이들은 눈을 반짝이며 로널드 선생님의 얼굴을 쳐다보았다.

"애프리라는 회사의 이사이면서 천재들만 모여 있는 국제 멘사협회의 회장이 되었단다."

"네에?"

아이들은 놀라며 큰소리로 외쳤다.

"그래, 놀랄 만도 하지. 나도 처음에 그 소식을 들었을 땐 눈앞이 캄캄할 정도로 깜짝 놀랐으니까. 그 학생의 IQ가 73이라는 건 내가 잘못 본 것이었어. 사실 그 학생의 IQ는 73이 아니라 173이었단다. 그리고 말을 더듬거리긴 했지만, 나중에 곰곰이 생각해 보니 그 말 속에 뛰어난 아이디어와 놀라운 능력이 숨어 있었던 거더구나."

아이들은 믿기지 않는다는 듯 고개를 절레절레 저었다.

"너희들이 지금 바보라고 놀리는 친구들 중에는 누구보다 뛰어난 능력을 숨기고 사는 친구들도 있다는 걸 잊지 마라. 난 지금도 그때 그 학생에게 좀 더 잘 해주지 못한 것을 크게 후회하고 있으니까."

로널드 선생님은 자리로 돌아가며 낮은 목소리로, 그러나 강하게 말했다.

빅터와 로라는 로널드 선생님의 모습을 뒤로 하고 교실을 빠져나왔다.

"로널드 선생님이 저렇게 변할 줄은 상상도 못했어."

운동장으로 걸어 나오며 로라가 고개를 절레절레 저었다.

"정말 다행이지. 지금 이 학교에 다니는 어린 친구들은 선생님의 따뜻한 미소를 볼 수 있게 되었으니까……."

로라는 걸음을 멈추고 빅터의 얼굴을 쳐다보았다.

"빅터, 넌 정말 로널드 선생님을 원망하지 않니? 널 17년 동안이나 바보로 살게 만든 사람인데?"

빅터 역시 걸음을 멈추고 말했다.

"사실 원망도 했었지. 그런데 오늘부터 하지 않기로 했어. 바보로 살았던 17년은 모두 지나갔으니까. 로널드 선생님도 저렇게 변하셨잖아. 바보로 오해받는 어린 친구들이 너 이상 없다는 것만으로도 난 좋아."

로라는 고개를 절레절레 저었다.

"정말이지 넌 놀랍도록 긍정적이야."

"그럼, 난 매일매일 아주아주 즐겁다고!"

빅터는 로라를 앞질러 뛰어가더니 펄쩍 점프를 했다. 그 모습을 보던 로라가 와하하 웃음을 터뜨렸고, 곧이어 빅터도 큰 소리로 웃었다. 마주 선 두 사람의 웃는 얼굴 위로 환한 봄 햇살이 와르르 부서져 내렸다.

17년 동안 바보로 살았던 멘사 회장의 이야기
어린이를 위한 바보 빅터

제1판 1쇄 발행 | 2012년 7월 5일
제2판 1쇄 발행 | 2022년 9월 26일
제2판 6쇄 발행 | 2025년 3월 7일

원   작 | 호아킴 데 포사다, 레이먼드 조
지은이 | 전지은
그린이 | 원유미
펴낸이 | 김수언
펴낸곳 | 한국경제신문 한경BP
책임편집 | 이혜영
저작권 | 박정현
홍보 | 서은실 · 이여진
마케팅 | 김규형 · 박도현
디자인 | 이승욱 · 권석중
본문디자인 | 디자인 현

주소 | 서울특별시 중구 청파로 463
기획출판팀 | 02-3604-556, 584
영업마케팅팀 | 02-3604-595, 562   FAX | 02-3604-599
H | http://bp.hankyung.com   E | bp@hankyung.com
F | www.facebook.com/hankyungbp
등록 | 제 2-315(1967. 5. 15)

ISBN 978-89-475-4849-6   73800

책값은 뒤표지에 있습니다.
잘못 만들어진 책은 구입처에서 바꿔드립니다.